IMMIGRANT KONZEPTE:
LEBENSWEGE ZUR INTEGRATION

Immigrant Konzepte ist auch erhältlich in

Englisch as *Immigrant Concepts: Life Paths to Integration*

Arabisch as

مفاهيم المهاجر:

مسارات حياة الاندماج

Spanisch as *Inmigrante Conceptos: Vías de la Vida Hacia la Integración*

Kommende Bücher dieser Reihe

Psychologie der Einwanderer: Herz, Verstand und Seele

Gesundheit und Wellness von Einwanderern

IMMIGRANT KONZEPTE:

LEBENSWEGE ZUR INTEGRATION

Joachim O. F. Reimann, Ph.D.
Dolores I. Rodríguez-Reimann, Ph.D.

Romo Books

Immigrant Konzepte: Lebensweg zur Integration

©2021, Joachim O. F. Reimann und Dolores I. Rodríguez-Reimann.

Herausgegeben von Romo Books, Chula Vista, California USA

ISBN 978-1-955658-04-1 (Taschenbuch)

ISBN 978-1-955658-05-8 (eBook)

Kontrollnummer der Kongressbibliothek (USA): 2021920495

Publisher's Cataloging-In-Publication Data
(Prepared by The Donohue Group, Inc.)

Names: Reimann, Joachim O. F., author. | Rodríguez-Reimann, Dolores Isabel, author. | WordPoint (Firm), translator.
Title: Immigrant Konzepte : Lebensweg zur Integration / Joachim O.F. Reimann, Ph.D. [und] Dolores I. Rodríguez-Reimann, Ph.D. ; Deutsche Übersetzung von WordPoint.
Other Titles: Immigrant concepts. German
Description: Chula Vista, California : Romo Books, [2021] | Translation of: Immigrant concepts. | Includes index.
Identifiers: ISBN 9781955658041 (Taschenbuch) | ISBN 9781955658058 (ebook)
Subjects: LCSH: Immigrants--Cultural assimilation. | Emigration and immigration--Social aspects. | Social integration. | Immigrants--Employment. | Immigrants--Health and hygiene. | Emigration and immigration--Psychological aspects.
Classification: LCC JV6342 .R4515 2021 (print) | LCC JV6342 (ebook) | DDC 305.906912--dc23

Bildnachweis für das Erde-Titelbild: Meteosat-3 & Meteosat-4 Observe the Earth (1993)/ESA, CC BY-SA 3.0 IGO
https://www.esa.int/ESA_Multimedia/Copyright_Notice_Images
Apassungsphase nach Umsiedlung Grafik angepasst von Hurt D. 2000 Refugee Adaptation in the Resettlement Process, The National Alliance for Multicultural Mental Health
Verlagsberater: David Wogahn, AuthorImprints.com
Deutsche Übersetzung von: WordPoint

Für Beate, Bernhard, Felipe und Héctor

KAPITEL

GELEITWORT

Von Dolores I. Rodríguez-Reimann, Ph.D.

Manche sagen, dass „*Intention*" ein Ziel bedeutet, ein Ziel, wenn Sie so wollen, welches die Handlung, den Zweck oder das Anliegen dirigiert. Laut Wikipedia ist es ein mentaler Zustand, der eine Verpflichtung zum Ausführen einer oder mehrerer Handlungen darstellt.

Meine Intentionen, dieses Buch zu schreiben, verfolgen zwei Ziele. Die erste ist ein Akt der Liebe; eine Möglichkeit, meinen eigenen Lebensweg zu erzählen und zu ehren, ebenso wie die Wege meines Mannes, vieler meiner Verwandten, meiner Freunde, meiner Kollegen und meiner Patienten. In diesem Sinne möchte ich Ihnen, dem Leser, einen Rahmen geben, der ein besseres Verständnis für die vielen Mosaikteilchen fördert, die eine Einwanderungserfahrung ausmachen.

Zweitens möchte ich Ihnen mit Hilfe meines Mannes und Lebenspartners Joachim ein Modell präsentieren, das die wichtigsten psychosozialen Dimensionen en Detail darlegt und integriert. Von dieser Perspektive aus wollen wir die vielen Stärken betonen, die Immigranten mit ihrer Erfahrung mitbringen. Wir bieten außerdem Vorschläge, Empfehlungen und Wege zur Überwindung von Barrieren für eine erfolgreiche Integration in neue Umgebungen.

Von Joachim (Joe) O. F. Reimann, Ph.D.

Ich erinnere mich deutlich an meine erste Nacht, als Zehnjähriger, in den Vereinigten Staaten. Obwohl wir nach den langen Stunden der Reise über den Atlantik erschöpft waren, verbrachten meine Familie und ich diese Nacht in einem Hotelzimmer in Los Angeles und schauten „*Gunsmoke*" im Fernsehen. Es war natürlich auf Englisch, so dass meine Mutter und ich nur sehr wenig von dem Dialog verstanden. Aber die Show war trotzdem faszinierend. Als wir uns am folgenden Tag zu unserem neuen Zuhause aufmachten, waren wir von einer Furcht erregenden und zugleich auch faszinierenden, völlig neuen Welt umgeben.

Auf einer sehr persönlichen Ebene wecken diese Erinnerungen mein Interesse an der Art und Weise, wie Migration uns prägt. Dolores und ich teilen das Band der Liebe, der Ehe und der Partnerschaft. Auch wir sind beide Immigranten. Trotzdem sind unser beider persönliche Erfahrungen ganz anders hinsichtlich der Kultur, dem Land, den Entfernungen, die wir zurückgelegt haben, und den sozioökonomischen Umständen, denen wir entstammen. Dolores lebte näher an den USA, da sie in Mexiko aufgewachsen ist und somit mit der amerikanischen Kultur vertrauter war.

Kurz gesagt, die individuellen Reisewege der Menschen können sehr unterschiedlich sein. Dolores und ich teilen allerdings auch etliche Gemeinsamkeiten in unserer Einwanderungserfahrung. Ich hoffe, unsere Geschichten werden uns dabei helfen, Menschen mit vielen verschiedenen Hintergründen über das gesamte Einwanderungsspektrum hinweg anzusprechen. Wie bei Dolores ist es meine Absicht, Informationen darüber anzubieten, wie sich Immigranten ihrer neuen Heimat anpassen und darin erfolgreich sein können. Davon profitieren wir alle.

1

EINFÜHRUNG

MENSCHEN IN BEWEGUNG

Der Mensch hat schon immer nach neuen Lebensräumen gesucht, seit wir auf diesem Planeten leben. Ob es unsere Wanderung vor etwa 70.000 Jahren aus Ostafrika heraus betrifft, oder die Polynesier, die Tausende von Meilen über den offenen Pazifischen Ozean navigierten, um neue Inseln zu entdecken, ob Europäer in Amerika ankamen, kubanische Flüchtlinge die Küste Floridas erreichten, sogenannte „Boat People" Vietnam verließen oder ob Führungskräfte im Zuge ihrer internationalen Geschäftstätigkeit in ein neues Land zogen - unsere Reisen sind endlos.

Von vielen Reisen wird in alten Texten wie der Thora und der Bibel sowie in Geschichten und Erzählungen von Völkern auf der ganzen Welt berichtet. Beispielsweise erzählt eine Legende des Nahua-Volkes in Mexiko, dass sieben verschiedene Stämme, die eine gemeinsame Sprache teilten, ihre Heimat („*Chicomoztoc*") verließen und in der Nähe der mythischen Stadt *Aztlán* siedelten. Während Gelehrte über die genaue Lage von *Aztlán* streiten, besagt die Legende, dass die Stadt von skrupellosen Anführern regiert wurde, die sich selbst *Azteca* nannten. In der Folge zogen die Nahua aufgrund von Prophezeiungen und gelenkt durch die göttliche Weisung ihres Gottes *Huitzilopochtli* wieder weiter. Die Prophezeiung, der sie folgten, besagte, dass ihre Wanderung andauern würde, bis sie an einen Ort gelangten, an dem sie dann eine große Stadt bauen würden. Die Nahua würden erkennen, wo sich die Stätte befände, wenn sie das Zeichen sähen: einen Adler, der mit einer Schlange im Schnabel auf einem Kaktus in der Mitte eines Sees thront. Die Prophezeiung erfüllte sich und Tenochtitlan wurde zur Hauptstadt der mexikanischen Zivilisation und des Volkes der Mexica.

Weitere bekannte Geschichten sind verschiedene Migrationen in der asiatischen Welt. Diese umfassen die Flucht von Flüchtlingen aus Ländern wie Vietnam und Kampuchea nach Australien in den 1970er und 1980er Jahren.

Auch in der Mythologie und unserer Populärliteratur sind Reisen zu einer Standard-Kulisse geworden. Sie werden in Klassikern beschrieben, z.B. Herkules und Beowulf, und werden sogar moderne Kinohelden, wie Luke Skywalker. Typische Helden beginnen etwas unschuldig und unerfahren. Doch indem sie sich vielerlei körperlichen und geistigen Herausforderungen stellen, gehen sie verändert und oft (wenn auch nicht immer) siegreich aus der Suche hervor.[1,2]

Wie in solchen Legenden, religiösen Texten und historischen Berichten festgehalten, gibt es viele Gründe, die uns zur Migration veranlassen. Dazu gehören die Suche nach einem besseren Leben und einer besseren Zukunft, nach wirtschaftlichen und beruflichen Möglichkeiten, nach religiöser und politischer Freiheit, die Flucht vor kriegs- und verfolgungsbedingter Gewalt sowie der Wunsch, dicht besiedelten Gebieten zu entkommen und an einen Ort mit weniger Menschen und weniger Ressourcen zu gelangen. In knappen Worten: Menschen migrieren aus mannigfaltigen sozialen, kulturellen, wirtschaftlichen, ethnischen, religiösen und anderen Umständen heraus.

Der Wunsch, bessere Chancen zu finden, ist ein Grund, warum jemand auswandern könnte. Dagegen sind andere durch Krieg, Verfolgung, Klimawandel und Bedrohung seitens krimineller Banden gezwungen, aus ihrem Land zu fliehen. Zu Hause zu bleiben könnte bedeuten, dass sie und/oder ihre Angehörigen versklavt oder getötet werden. Und das Fazit: Einige von uns wandern aus, um Chancen zu suchen, und einige von uns wandern aus, weil wir keine andere Wahl sehen.

Die Zahl der Menschen, die weltweit migrieren, ist in den letzten Jahren schnell gewachsen. Laut dem Fachbereich für wirtschaftliche und soziale Angelegenheiten der Vereinten Nationen gab es im Jahr 2019 rund 272 Millionen internationale Migranten. Dies bedeutet eine Steigerung von 14 Millionen seit 2017 und von 51 Millionen seit 2010. Weltweite Migranten machen damit etwa 3,5 % der Weltbevölkerung aus.[3]

Vertriebene, die aus ihrer Heimat fliehen, bilden einen erheblichen Teil dieser Bevölkerung. Zurzeit, als dieses Buch geschrieben wurde, wurden die erzwungenen Migrationsmuster durch andauernde Konflikte verschiedener Art im Nahen Osten, Ostafrika, Lateinamerika und anderen Orten angetrieben. So schätzt das UN-Flüchtlingswerk, dass Ende 2019 weltweit 79,5 Millionen Menschen gewaltsam vertrieben wurden.[4]

Genauer gesagt machen Flüchtlinge aus den Ländern des Nahen und Mittleren Ostens (z. B. Syrien, Afghanistan und Südsudan) einen erheblichen Teil der weltweiten Flüchtlinge aus. Bedingt durch den syrischen Bürgerkrieg musste seit 2011 mehr als die Hälfte der Bevölkerung des Landes aus ihrer Heimat fliehen. Dies betrifft auch etwa 6,6 Millionen Flüchtlinge, die in den Nachbarländern (z.B. Libanon, Jordanien, Türkei, Irak und Ägypten) Sicherheit suchen.[5]

Die Länder der Europäischen Union (EU) waren ebenfalls ein wichtiges Ziel. Schätzungen der Internationalen Organisation für Migration (IOM) zufolge gelangten im Jahr 2015 rund 1.046.600 Migranten in die EU, etwa 766.600 mehr als 2014.[6] Dieser Trend hält größtenteils noch an. Laut Eurostat lag die Zahl der Asyl-Erstantragsteller in der EU im Jahr 2019 bei 612.700.[7]

Die EU und der Nahe Osten sind nicht die einzigen Orte mit einer großen Anzahl von Vertriebenen in jüngster Zeit. Das United Nations Network on Migration schätzt z. B., dass bis Mitte 2020 aufgrund der sozioökonomischen Instabilität und der politischen Unruhen etwa fünf Millionen Menschen Venezuela verlassen werden. Dies ist in der jüngeren Geschichte Lateinamerikas die umfangreichste externe Vertreibungskrise. Die meisten der Venezolaner sind in Südamerika (Kolumbien, Peru, Chile, Ecuador und Brasilien) geblieben. Das bedeutet allerdings auch eine zusätzliche Belastung für diese Länder.[8]

Besonders besorgniserregend ist, dass etwa 30-34 Millionen (38-43 %) der weltweit gewaltsam vertriebenen Personen Kinder unter 18 Jahren sind.[4] Einige dieser Minderjährigen reisen allein (ohne ihre Eltern oder Verwandten). Dies ist ein offensichtliches Problem, das belegt, wie sich die Vertreibung auf das Leben junger Menschen ausgewirkt hat.

Auch die Vereinigten Staaten haben den Zufluss von Menschen aus anderen Ländern zu spüren bekommen. Viele von ihnen kamen aus Afrika und dem Nahen Osten. Im Jahr 2015 bezeichneten sich rund 46 % der Befragten als Muslime, der höchste jährliche Prozentsatz seit Beginn der Aufzeichnungen. Andere identifizierten sich als Christen (44 %), anderen Religionen zugehörig oder konfessionslos. Laut dem US Census Bureau sank die internationale Nettozuwanderung in die

USA von 1.047.000 zwischen 2015 und 2016 auf 595.000 in den Jahren 2018 und 2019.[9] Doch während Trends rund um die Zuwanderung im Laufe der Zeit variieren, deutet die Geschichte darauf hin, dass die weltweite Migration unvermindert weitergehen wird.

Die Aufmerksamkeit der Öffentlichkeit für bestimmte Gruppen verschiebt sich häufig. Jüngste Berichte der US-Medien konzentrierten sich auf die Karawanen mittelamerikanischer Migranten. Sie sind auch als *Via Crucis del Migrante* („*Kreuzweg* der Migranten") bekannt.[10] Diese Karawanen umfassen große Gruppen von Menschen, die von der Grenze zwischen Guatemala und Mexiko bis zur Grenze zwischen Mexiko und den Vereinigten Staaten reisen. Die meisten stammen aus dem nördlichen Dreieck Zentralamerikas (Guatemala, El Salvador und Honduras).

Die bekanntesten und größten Karawanen sind Berichten zufolge von *Pueblo Sin Fronteras* (Dorf ohne Grenzen) organisiert worden. Experten haben über die Zusammensetzung der Menschen in diesen Trecks diskutiert. Manche glauben, dass sie zum größten Teil aus Asyl suchenden Flüchtlingen bestehen. Etliche Menschenrechtsorganisationen haben Gewalt und Missbrauch in Zentralamerika dokumentiert. So erinnert uns ein 2019 erstellter Bericht des Internationalen Komitees vom Roten Kreuz etwa daran, dass die Raten an bewaffneter Gewalt in El Salvador, Honduras und Guatemala auch weiter zu den höchsten der Welt gehören.[11] Andere Personen, die sich mit dieser Thematik auseinandersetzen, vertreten die Ansicht, dass diese Immigranten eine große Konzentration traditioneller Wirtschaftsflüchtlinge darstellen. Die Migrationsgründe sowie auch die angemessene Art und Weise, die Einwanderer anzusiedeln oder auszuweisen, bleibt eine Quelle vieler politischer Debatten in den USA und anderen Ländern der Welt. Das umfasst auch die vielschichtige Frage, womit gesetzliche Asylanforderungen erfüllt werden.

Man sollte außerdem bedenken, dass Immigration nicht nur Menschen betrifft, die Missständen zu entkommen suchen. Laut Eurostat haben im Jahr 2018 2,6 Millionen Nicht-EU-Bürger über wirtschaftsbezogene Genehmigungen das Recht erhalten, in der EU sowohl zu leben als auch zu arbeiten.[12]

Das US-Außenministerium stellt fest, dass in jedem Steuerjahr etwa 140.000 arbeitsplatzbasierte Einwanderungsvisa ausgestellt werden. Darüber hinaus sind 2018 in den USA 389.579 Studentenvisa ausgestellt worden.[13]

Alle diese oben aufgeführten Zahlen können überwältigend wirken - Millionen hier und Millionen dort. Wir führen sie auf, um einen wichtigen Schwerpunkt zu setzen: Zuwanderung ist ein wichtiges Thema, das Auswirkungen auf viele Leben hat und die proaktive, überlegte, objektive und kontinuierliche Aufmerksamkeit der breiten Gesellschaft verlangt.

In ein neues Land einzuwandern, bringt für die Immigranten und das neue Land, in das sie einwandern, sowohl Herausforderungen als auch potenzielle Vorteile mit sich. Günstigstenfalls birgt ein Zufluss an neuen Bevölkerungsgruppen das Potenzial, die Aufnahmeländer mit ungewohnter, aber lebendiger menschlicher Energie und Potenzial zu beleben. Andererseits bewirken Fehlschläge bei der Immigration Belastungen und Nöte sowohl für die Migranten als auch für die umfassendere Gesellschaft. In später folgenden Kapiteln stellen wir einige detaillierte Beispiele vor.

Kurz gesagt, die Zuwanderung von Menschen, vor allem in großer Anzahl, muss von den Aufnahmeländern sowie den internationalen Unterstützungssystemen souverän organisiert werden. Es sind kooperative und koordinierte Anstrengungen zu unternehmen. Ansonsten könnten die sozialen Infrastrukturen einer Überforderung unterliegen. In diesem Zusammenhang muss erwähnt werden, dass jedes System überfordert werden kann, sofern die Anzahl an Einwanderern seine Kapazität schlicht übersteigt. Es macht somit keinen Sinn, den Ansatz der stets offenen Tür zu verfolgen. Allerdings ist Migration eine Realität, die zu ändern die aktuellen gesellschaftlichen Ansichten wohl kaum in der Lage sind. Wir müssen diese Realität auf die effektivste Art und Weise bewältigen.

Dieses Buch zeigt als Überblick die wichtigsten Grundlagen auf, die unserer Ansicht nach Einwanderern helfen können, sich erfolgreich an eine neue Gesellschaft anzupassen. Unsere zwanzigjährige Erfahrung an professioneller Arbeit in der psychologischen Theorie und klinischen Praxis, im öffentlichen Gesundheitswesen und in anderen Forschungsbereichen (kulturelle Kompetenz, forensische Beurteilungen) sowie in der Entwicklung von Arbeitskräften bilden den Hintergrund für unsere Expertise in der Unterstützung von Zuwanderern bei der Anpassung an ihre neue Heimat. Genauso wichtig ist allerdings, dass sie sich auf unsere persönlichen und familiären Einwanderungsgeschichten stützt. Wir glauben, dieses Buch wird sowohl für Einwanderer als auch für Experten und andere, die direkt mit ihnen arbeiten, nützlich sein. Außerdem erhoffen wir uns, dass es die Ausgestaltung der Einwanderungspolitik unterstützen wird.

Auf den folgenden Seiten stellen wir Ihnen, dem Leser, demografische Trends und psychosoziale Konzepte vor, die mit der Einwanderungserfahrung in Verbindung stehen. Wir haben diese Konzepte in einem integrierten Modell zusammengefasst, das einen Beitrag zu einer erfolgreichen Integration leisten kann. Wir werden einige kurze Vignetten und Geschichten erzählen, um die angesprochenen Aspekte zu illustrieren. Zum Schluss werden wir Ihnen am Ende jedes Abschnitts Fragen stellen, damit Sie über Ihre eigenen Erfahrungen, die Erfahrungen eines geliebten Menschen oder eines Freundes, Mitarbeiters oder Kunden nachdenken können. Wir hoffen, Ihnen mit der Lektüre des Buches Wissenswertes und praktische Informationen vermitteln zu können, die Ihnen auf Ihrem eigenen Weg helfen und einen sowohl sicheren als auch informativen Raum bieten, in dem Sie über Ihre Erfolgserlebnisse und Ihre Kämpfe reflektieren können. Kein Buch über Immigration wäre vollständig ohne die Vorschläge und Empfehlungen, die wir Ihnen geben und die Sie sicher dabei unterstützen werden, sich in der zuweilen tückischen Welt der Einwanderung zurechtzufinden. Wir haben den Pfad schon beschritten und wollen dies weitergeben.

Bevor wir beginnen, ein paar Punkte zur Klarstellung:

In einigen Teilen dieses Buches beschreiben wir Symptome, die mit bestimmten Arten von psychiatrischen Störungen verbunden sind. Diese Beschreibungen basieren auf unserer klinischen Erfahrung hinsichtlich der Arbeit mit Menschen, die unter einer traumatischen Vorgeschichte oder anderen relevanten Umstände leiden. Derartige Beschreibungen sind allerdings nicht dazu geeignet, Sie zu diagnostizieren oder zu behandeln. Dies obliegt ausschließlich einem Experten, mit dem Sie direkt zusammenarbeiten. Sollten Sie also feststellen, dass Sie sich gedanklich zu intensiv mit einigen oder allen der in diesem Buch dargelegten Konzepte befassen, kontaktieren Sie bitte einen psychologischen Berater. Falls Sie keinen Kontakt zu einem Therapeuten haben, konsultieren Sie Ihren Hausarzt, der bei Bedarf entsprechende Empfehlungen und Überweisungen für eine Behandlung aussprechen kann.

Im Verlauf des Textes werden wir insbesondere Konzepte und Themen ins Licht rücken, die „typisch" für die Erfahrung von Zuwanderern sind, wie sie in der Forschungsliteratur zitiert werden. Wir sind uns aber natürlich darüber bewusst, dass wir alle Individuen sind, die ihre ganz eigene Geschichte zu erzählen haben. Immigranten, als Gruppe, sind unter sich genauso vielfältig wie jede andere Gruppe.

In diesem Buch verwenden wir diverse Begriffe wie „Migranten", „Einwanderer", „Flüchtlinge" und „Asylbewerber". In den Medien ist es durchaus üblich, in Bezug auf Einwanderer das Wort „Ausländer" zu verwenden. Wir setzen den letzteren Ausdruck nicht wirklich häufig, sondern definieren alle Begriffe im Glossar des Buches zur Verdeutlichung. Für den Moment und zur Vereinfachung definieren wir im Folgenden acht der, ihrer Verwendung nach, häufigsten Begriffe. Wir bemühen uns, all diese Begriffe und Beschreibungen respektvoll zu verwenden.

Ausländer wird oft verwendet, um eine Person zu beschreiben, die von außerhalb des eigenen Landes stammt. Obwohl dies nicht immer der Fall ist, steht der Begriff manchmal in einem negativen oder abwertenden Kontext. (Wird später ausführlicher dargelegt).

Ein Immigrant (Zu-/ Einwanderer) ist eine Person, die gekommen ist, um auf Dauer in einem Land zu leben, das nicht ihr Geburtsort und/oder ihre Staatsbürgerschaft ist. Der Schlüssel hier ist der Begriff „auf Dauer" Als solcher trifft er nicht auf Personen zu, die Touristen sind oder sich vorübergehend zum Arbeiten in einem fremden Land aufhalten.

Ein Migrant ist jemand, der sich auf dem Weg von einem Ort oder Land in ein anderes befindet (mit Ausnahme von Touristen und anderen sehr temporären Reisenden). So werden zuweilen Menschen bezeichnet, die in ein fremdes Land kommen, um dort zu arbeiten (z. B. Wanderarbeiter), möglicherweise mit der Absicht, regelmäßig nach Hause zurückzukehren.

Flüchtling nennt man einen Menschen, der aufgrund von Bedrohungen für sein Leben und Gefahren für sich selbst gezwungen war, sein Herkunftsland zu verlassen. Dieser Begriff ist verfänglich, da er manchmal recht verallgemeinernd auf jeden Einwanderer angewendet wird, der zur Migration gezwungen wurde. Auf einer formaleren Basis bezieht sich der Begriff aber eher auf einen bestimmten rechtlichen Status. Beispielsweise ist laut Titel VIII des United States Code, Abschnitt 1100 und 1A 42, ein Flüchtling *ein Ausländer, der nicht in sein Land zurückkehren kann oder will, weil er wegen seiner Rasse, Religion, Nationalität, Zugehörigkeit zu einer bestimmten sozialen Gruppe oder wegen seiner politischen Überzeugung verfolgt wird oder eine begründete Furcht vor Verfolgung hat.* Eine Person kann sich nicht für diesen Status qualifizieren, sofern sie andere verfolgt hat, endgültig in ein Drittland umgesiedelt worden ist oder aufgrund bestimmter schwerer Straftaten (z. B. Kapitalverbrechen, Schmuggel, Ausübung häuslicher Gewalt) verurteilt wurde. Die spezifischen rechtlichen Parameter, die den Flüchtlingsstatus bestimmen, unterscheiden sich von Land zu Land.[14]

Asyl ist ein Begriff, der im Zusammenhang mit Flüchtlingen angewandt wird, die in einem Land, in das sie eingereist sind, einen bestimmten legalen Einwanderungsstatus erhalten haben. Für das Recht auf Asyl müssen Menschen belegen, dass sie in der Vergangenheit verfolgt worden sind oder dass sie im Falle einer Rückkehr in ihr Heimatland eine begründete Furcht vor zukünftiger Verfolgung haben. Bedenkt man, dass Menschen, die - oft in großer Hast - aus ihrer Heimat fliehen, hinsichtlich

der dort erlittenen physischen und/oder psychischen Bedrohungen in der Regel nicht viel förmliche Dokumentation vor-
weisen können, kann es schwierig sein, solche Umstände vor
Gericht zu beweisen.

Heimatland ist das Land, aus dem die Menschen stammen (z.
B. durch Geburt, Staatsbürgerschaft usw.)

Das *Gastland* ist das neue Land, in das die Immigranten eingereist sind.

Ausländische Studenten sind diejenigen, die mit einem bestimmten Bildungsvisum zum Studium in ein anderes Land kommen. In den USA haben ausländische Studenten entweder ein
F-1 oder ein M-1 Visum. Studenten, die in einem anderen Land
als ihrem Heimatland studieren, tun dies oft in der Absicht,
nach ihrem Studienabschluss in ihre Heimat zurückzukehren.

Ein weiterer Hinweis in Hinsicht auf Sprache und Begriffe:
Wir wissen, dass Menschen die Summe all ihrer Identitäten
sind. Wir respektieren völlig vorurteilsfrei alle Identitäten, wie
etwa schwul, bisexuell, geschlechtsneutral oder queer. Die sexuelle Orientierung ist ein Faktor, der viele Elemente der Migration beeinflussen kann (und der in diesem Buch an einigen Stellen behandelt werden wird). Uns ist bewusst, dass der Begriff
Latinx bei einigen Menschen lateinamerikanischer Herkunft
zu einer Vorliebe geworden ist. Diese Personen bevorzugen
den Begriff als geschlechtsneutrale oder nicht-binäre Alternative zu Latino oder Latina. Wir sind uns aber auch darüber im
Klaren, dass dieser Ausdruck von einem erheblichen Anteil der
Latino/Latina-Community keine Anerkennung erfährt.[15] Aus
diesem Grunde verwenden wir in diesem Buch die Begriffe
Latino/Latina, erkennen aber die Komplexität der Identität
ausnahmslos an.

Außerdem nutzen wir den Begriff „Schwarz" anstelle von „afroamerikanisch" beim Bezug auf dunkelhäutigere Menschen, die unmittelbar selbst oder über ihre Vorfahren aus Afrika südlich der Sahara stammen. Die zwei Hauptgründe dafür sind: 1. Unser Text hat einen internationalen Fokus, während „afroamerikanisch" ein eher US-spezifischer Begriff ist. 2. „Afroamerikanisch" wird zumeist mit der US-Geschichte der Sklaverei assoziiert und hat keine Bezüge zu den Erfahrungen der aus verschiedenen Teilen Afrikas in die USA kommenden Migranten in der jüngeren Geschichte. Wir verstehen ferner, dass es noch keinen eindeutigen Konsens gibt, welche Bezeichnung von Menschen afrikanischer Herkunft in den USA bevorzugt wird.

Durch das ganze Buch hindurch werden wir Vignetten (persönliche Geschichten) vortragen, um die Punkte zu illustrieren. Diese Vignetten geben keine identifizierenden Informationen über Personen preis, mit denen wir gearbeitet oder kooperiert haben. Sie stellen vielmehr eine Ansammlung unserer Erfahrungen und Kenntnisse dar. Keiner der in diesem Buch verwendeten Namen (ausgenommen unsere eigenen oder die von Familienmitgliedern, die uns dies erlauben) identifiziert ganz bestimmte Personen. Die Namen dienen nur der Veranschaulichung und jedwede Ähnlichkeit mit lebenden oder verstorbenen Personen ist rein zufällig.

2

ERFOLGREICHE INTEGRATION
EIN KURZER ÜBERBLICK

D ie Anpassung an neue Umstände kann selbst unter den besten Bedingungen stressig sein. Nehmen wir an, Sie haben gerade ein neues Haus gekauft. Es ist wunderschön - das, was Sie schon immer wollten. Am Umzugstag finden Sie sich inmitten einer Unmenge von Kartons wieder. Nichts ist organisiert, nichts ist eingerichtet. Dinge zu finden - auch wenn die Kisten beschriftet sind - ist eine Herausforderung und kann echt frustrieren. Und was ist eigentlich mit den Toilettenartikeln passiert?

Ein Umzug unterbricht Routinen in einer ungewohnten Umgebung. Es überrascht also nicht wirklich, dass dies zu einer gewissen Verzweiflung führen kann. Jetzt stellen Sie sich nur mal vor, dass Sie nicht innerhalb der Stadt umziehen, sondern in ein neues Land. Sie haben keine Ahnung, wo was ist und wie was funktioniert, und oft sprechen Ihre neuen Nachbarn eine Sprache, die Sie nicht verstehen. Dies kann etliche Fragen aufwerfen: Wie passen Sie in Ihr neues Land? Wird es zu schwierig werden? Werden die Einheimischen vor Ort Sie akzeptieren? Sind Sie im Begriff, Ihre Kernidentität teils oder ganz zu verlieren, wenn Sie sich an diesen neuen Ort anpassen?

Als zusätzlicher Stressor können noch die Beschäftigung und die Ausbildung hinzukommen. Werden die Menschen in

Ihrem neuen Land Ihre Ausbildung und Erfahrung anerkennen? Manche Immigranten haben nur sehr wenig oder gar keine
Schulbildung. Aber sogar hochqualifizierte, erfahrene und gut
ausgebildete Personen (wie Ärzte oder Anwälte), werden mit
ihren Zeugnissen von den Gastländern möglicherweise nicht
einfach so akzeptiert. Falls Sie von einem Arbeitgeber angeworben worden sind, um in einem neuen Land zu arbeiten, und
Ihre Qualifikationen bereits vorab durch ein E1- oder E2-Vi-
sum, Arbeit und Karriereziele überprüft wurden, gibt es keine
Schwierigkeiten. Anderenfalls kann die Suche nach einer Ar-
beitsstelle, als Fachkraft oder als ungelernter Arbeiter, ein ge-
waltiges Hindernis für eine erfolgreiche Integration in die neue
Umgebung darstellen.

   In der wissenschaftlichen und klinischen Literatur gilt als
erwiesen, dass sich in kultureller und sprachlicher Hinsicht
unterscheidende Gruppen, die in ein neues Land migrieren,
psychosozialen Stressoren gegenüber sehen, zuweilen sogar bis
in die nächste Generation hinein, falls die Probleme der ursprünglichen Einwanderer länger andauern. Selbst unter positiven Umständen erfolgende, relativ kleine Umzüge können
den Betroffenen viel abverlangen.[16] Es überrascht nicht, dass
die Akkulturation in einem neuen Land (z. B. das Erlernen
einer neuen Sprache, die Anpassung an andere gesellschaftliche
Regeln, Veränderungen des sozialen Status) oft von Natur aus
stressig ist.[17]

   Derartige Schwierigkeiten wurden schon in formalen Di-
agnosebüchern gewürdigt, die sich mit psychologischen Problemen im Kontext mit Migration befassen. Das 'Diagnostics
and Statistical Manual of Mental Disorders' (Diagnostik und
statistisches Handbuch psychischer Störungen) der American Psychiatric Association führt seit seiner vierten Auflage

„Akkulturationsstress" (DSM-IV-TR) und später „Akkulturationsprobleme" (DSM 5) unter den verwendeten diagnostischen Begriffen auf.[18,19]

Auch die 'Internationale Klassifikation der Krankheiten', zehnte Ausgabe (ICD-10) enthält eine solche Klassifikation (Code Z60.3).[20] In manchen Fällen können derartige Probleme auf die zweite und dritte Generation übergreifen, speziell bei niedrigem sozioökonomischen Status oder sozialer Isolation.[21,22]

Darüber hinaus können die Erfahrungen, die Menschen in ihr neues Zuhause mitbringen, schwierig sein. Beispielsweise hat eine erhebliche Anzahl der Zuwanderer aus dem Nahen Osten in ihrer jeweiligen Heimat traumatische Ereignisse wie Krieg, Verfolgung, Inhaftierung und Folter erlebt.[23] Gleichermaßen erlebten viele aus dem Nördlichen Dreieck in Mittelamerika kommende Menschen Bedrohungen und Gewalt durch Banden. Dies kann sowohl physische als auch psychische Narben hinterlassen.

Einige Wissenschaftler haben ein Modell vorgeschlagen, das die Schritte darlegt, die Zuwanderer bei ihrer Anpassung an ein neues Land tendenziell durchlaufen.[24]

Hier folgt eine gängige Darstellung dieses Modells:

Die erste, die „Ankunftsphase", kann von Aufregung und Faszination darüber geprägt sein, sich an einem neuen Ort zu befinden. Sind Menschen einer gefährlichen Situation entkommen, können auch Erleichterung und ein Gefühl der Sicherheit herrschen. Genauso allerdings, wie eine gewisse Verwirrung über die neue Umgebung. In „Phase II" schlägt die Realität zu. Dies kann mit der sich ausbreitenden Erkenntnis einhergehen, dass die Anpassung schwierig ist. Es kann zu Enttäuschungen führen, insbesondere, wenn der Einwanderer mit unrealistischen Vorstellungen von den Vorzügen eines neuen Landes

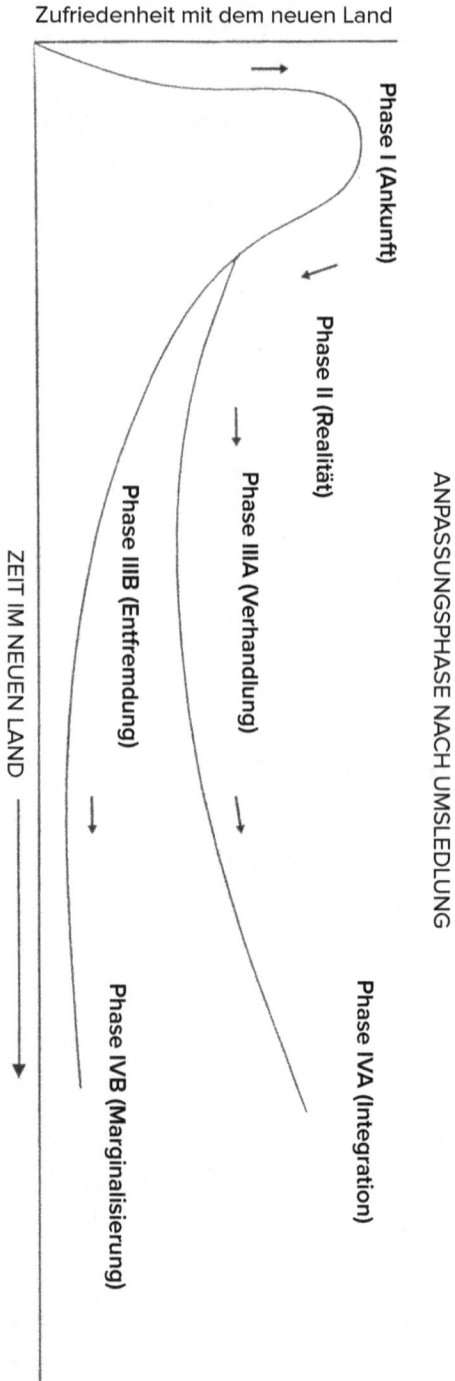

Zufriedenheit mit dem neuen Land

Phase I (Ankunft)

Phase II (Realität)

Phase IIIA (Verhandlung)

Phase IIIB (Entfremdung)

Phase IVA (Integration)

Phase IVB (Marginalisierung)

ANPASSUNGSPHASE NACH UMSIEDLUNG

ZEIT IM NEUEN LAND

angekommen ist. Phase II kann auch von Erfahrungen beeinflusst werden, in denen der Immigrant wegen seiner Herkunft, ethnischen Zugehörigkeit, Rasse und anderer Faktoren diskriminiert wird. Die Reaktionen auf diese Gegebenheiten reichen von Angst über Wut bis hin zu Frustration. Darüber hinaus spüren viele Einwanderer den Verlust ihres Heimatlandes. Wie gut Immigranten den „Realitätscheck" von Phase II verarbeiten, hat erheblichen Einfluss auf ihren späteren Erfolg. Während dieser Entwicklung fördern familiäre Stabilität und Unterstützung, Gesundheit sowie persönliche Belastbarkeit insgesamt positive Ergebnisse. Wie gut Menschen Phase II überwinden, kann die Zukunft dahingehend beeinflussen, dass sie freier von emotionalen und körperlichen Belastungen ist und es weniger Zaudern dabei gibt, etwas Neues zu versuchen, wie z.B. Arbeit und Freunde zu finden und ganz allgemein das Leben zu genießen.

Phase III umfasst dagegen zwei alternative Wege. Der eine, oft als „Verhandlung" (Vermittlung) bezeichnet, beinhaltet, dass der Zuwanderer die Initiative ergreift, soziale Netzwerke aufbaut, neue Fähigkeiten erlernt (z. B. die Sprache) und positive soziale Rollen findet, die er übernehmen kann. Auf der negativen Seite führt „Entfremdung" zu persönlichem Rückzug, Verzweiflung und Apathie. Es überrascht nicht, dass dieser Weg letztendlich familiäre Störungen, Abhängigkeit von anderen, Arbeitslosigkeit und zuweilen sogar rechtliche Problemen nach sich zieht.

„Integration", der positivere Weg, trägt das Potenzial für eine bessere psychologische und soziale Anpassung in sich, für intensivere Selbstversorgung, Selbstvertrauen, nützliche Fähigkeiten und einen hoffnungsvolleren Blick in die Zukunft.

In den folgenden Kapiteln betrachtet dieses Buch detaillierter Konzepte, die unserer Meinung nach für eine erfolgreiche Integration wichtig sind. Wir reden über Bildung, wirtschaftliche, physische und psychische Gesundheit und andere soziale Umstände. Wir gehen auch auf mögliche Erfolgshindernisse, die Bedeutung von Resilienz sowie auf Empfehlungen ein, wie Barrieren durch persönliche Stärken und die Fähigkeit, soziale Netzwerke und Unterstützung aufzubauen, überwunden werden können. Für diese Entwicklung ist es bedeutend, sich daran zu erinnern, dass wir als Einwanderer nicht unbedingt unsere Kernidentät aufgeben müssen, um uns „erfolgreich zu integrieren" oder uns an unsere neue Heimat anzupassen.

Fragen, die Sie vielleicht berücksichtigen möchten:

- Wenn Sie Ihre eigene Einwanderungserfahrung oder die eines geliebten Menschen reflektieren:
- Was sind die Faktoren, Erinnerungen und Erfahrungen, die für Sie am wichtigsten bleiben?
- War es die Reise selbst?
- Wie lange hat dieser Prozess gedauert?
- Welche Erfahrungen haben Sie auf dem Weg dorthin gemacht?
- Wie würden Sie Ihren Prozess der Integration in Ihr neues Leben beschreiben?
- Glauben Sie, dass Sie erfolgreich waren?
- Falls Sie alles noch einmal machen müssten, würden Sie etwas anders machen? (Wenn ja, was?)
- Gibt es Erkenntnisse und Einsichten, die andere aus Ihren Erfahrungen lernen können?

3

INTEGRATION
FAKTOREN UND HERAUSFORDERUNGEN

Spricht man in den Medien darüber, welcher Weg für Einwanderer zum Erfolg führt, werden oft Worte wie „Assimilation" und „Schmelztiegel" genannt. In diesem Kontext impliziert Assimilation, wie man sie früher verstanden hat, dass man 1.) seine Identität aufgeben muss - wer man im Kern ist - und ein „neues Du" im neuen Land zu werden hat und 2.), dass das „neue Du" zur vorherrschenden Kultur in diesem Land passen muss. Ein „Schmelztiegel" suggeriert, dass sich alle Menschen, auch die in diesem Land Gebürtigen, verändern, um einer sich verändernden kulturellen Norm zu entsprechen.

Die Idee, dass Menschen unter dem Druck stehen könnten, verändern zu müssen, wer sie sind und wie sie sich in der Welt sehen, kann beängstigend sein. Psychologen sagen uns, dass unsere Identität zumeist auf den sozialen Gruppen basiert, als deren Teil wir uns identifizieren. Werden wir gefragt „Wer sind Sie?" neigen wir dazu, mit Klassifizierungen wie Geschlecht und/oder sexueller Orientierung (Mann/Frau/Transgender/Schwul/Hetero/Bi usw.), Familienrollen (z. B. Ehemann/Ehefrau/Vater/Mutter), politischen Zugehörigkeiten, ethnischer Zugehörigkeit/Rasse, religiöser Zugehörigkeit, Stammeszugehörigkeit, Beruf oder, am häufigsten, einer Kombination aus all diesen (z. B. schwarze Ingenieurin) zu antworten. All dies sind soziale Gruppen. Sogar unsere Namen deuten häufig bereits unsere ethnische und nationale Herkunft an. „Rogelio" ist z. B. ein spanischer Vorname und „Hans" ist germanischen Ursprungs (obwohl er auch im dänischen, niederländischen, norwegischen, isländischen und schwedischen Sprachraum verbreitet ist). Wie Sie selbst sich benennen, ist wesentlich dafür, wer Sie sind. Der Gedanke, dass wir das vielleicht ändern müssen, um irgendwo hineinzupassen, ist oft beunruhigend.

Auch wenn wir einen starken Bildungs- und Wirtschaftshintergrund haben, gibt es Herausforderungen. Der Grad Ihrer Bemühungen, sich zu verändern und anzupassen, hängt davon ab, woher Sie kommen und wohin Sie gehen. Das Erlernen einer neuen Sprache ist für die meisten von uns nicht einfach, unabhängig von unserer persönlichen Geschichte. Aber selbst dann, wenn auch in Ihrem neuen Land Ihre Muttersprache verwendet wird, werden Sie wohl gewiss auf viele verschiedene Traditionen, Normen und Anforderungen treffen. Internationale Studenten neigen z. B. dazu, in Verbindung mit einem fremden akademischen Umfeld Stress zu empfinden.[25] Wie wir in späteren Kapiteln noch besprechen werden, wird Ihr gewählter Beruf in einem neuen Land wahrscheinlich andere Regeln und Vorschriften haben.

Da sind noch weitere, weniger deutliche, aber sehr wichtige Unterschiede zwischen den Ländern. Diverse Medikamente sind nicht an allen Orten zur Verwendung zugelassen. Die Gesetze zum Autofahren, zur Privatsphäre und zum Rauchen können unterschiedlich sein. Höfliche Umgangsformen werden sicherlich variieren. Die Liste geht immer weiter.

Eine gute Nachricht ist jedoch, dass Sie zwar die Art und Weise, wie Sie einige Dinge tun, werden ändern müssen, nicht unbedingt aber die Art und Weise, wie Sie sich selbst auf fundamentaler Ebene betrachten. Forscher, die in die Problematik der Immigration eintauchen, verwenden häufig den Begriff „Akkulturation" (manchmal auch „Enkulturation" genannt). Noch ein häufig genutzter Begriff ist „ethnische Identität" Obwohl zwischen diesen Konzepten einige Überschneidungen bestehen, bedeuten sie nicht automatisch dasselbe.

Wir besprechen diese Konzepte im Folgenden im Detail. Aber kurz gesagt, konzentriert sich Akkulturation mehr auf die Fähigkeiten und Gewohnheiten, die wir in einer neuen Gesellschaft annehmen. Typische Beispiele sind Sprache, das Begreifen von Gesetzen und Regeln der Gesellschaft, Verkehrsschilder und so weiter. Der Begriff „ethnische Identität" fokussiert mehr darauf, wie wir uns im Kern sehen und identifizieren.

Akkulturation

Akkulturation wird formal als ein Phänomen definiert, welches daraus resultiert, dass Gruppen von Individuen aus verschiedenen Kulturen in kontinuierlichen und direkten Kontakt treten. Dies bewirkt nachträgliche Veränderungen in den ursprünglichen kulturellen Mustern einer und/oder beider Gruppen. Mit anderen Worten, das ist der Moment, an dem ein Einwanderer damit beginnt, sich die Normen seines Adoptivlandes anzueignen und sich daran anzupassen. Auf der fundamentalsten Ebene charakterisiert sie den Prozess des kulturellen Wandels eines Individuums.[26]

Kurz gesagt, Akkulturation, vor allem auf der psychologischen Ebene, umfasst die dynamische Anpassung an die Kultur des neuen Landes. Sie findet im Kontext lokaler Gemeinschaften, wirtschaftlicher Umstände und einer Vielzahl anderer Faktoren statt. Die Akkulturation kann viele Aspekte im Leben von Zuwanderern verändern. Oftmals stellt das Erlernen einer neuen Sprache eine enorme Veränderung dar. Aber auch Grundsätze, politische Ansichten, wirschaftlicher Status, persönliche Werte, Ernährungspräferenzen, womit Menschen sich gerne unterhalten und welche Sitten sie pflegen, können sich weiterentwickeln. Akkulturation ist jedoch nicht für jeden gleich. Wie unten beschrieben, kann das auf vielerlei Weise ablaufen. Es hängt in hohem Maße von den Eigenschaften eines Individuums ab und dem neuen sozialen Klima, das ein Einwanderer in seinem neuen Land vorfindet.[25]

Akkulturation erfolgt normalerweise in Stufen und wird größtenteils vom Alter einer Person beeinflusst. Untersuchungen zufolge lernen Kinder eine neue Sprache schneller als ihre erwachsenen Gegenstücke. Sie könnten sogar viel eher in der Lage sein, eine neue Sprache akzentfrei zu sprechen. Im Gegensatz dazu kann dies älteren Erwachsenen sehr viel schwerer fallen.

Typischerweise neigen Menschen auch dazu, zuerst eine neue Sprache zu lernen und dann andere Möglichkeiten zu verfolgen, um breitere gesellschaftliche Verbindungen zu etablieren(da sich solche Möglichkeiten mit Sprachkenntnissen eröffnen). Allerdings gibt es auch Umstände, unter denen Immigranten schon seit längerem in ihrem neuen Land leben und trotzdem die Landessprache nicht erlernt haben. In solchen Fällen leben sie zumeist in Gemeinschaften, die aus Menschen ähnlicher Herkunft bestehen, was es ihnen ermöglicht, in ihrem neuen Land zurechtzukommen und gleichzeitig eine starke Identifikation mit den Werten ihrer ursprünglichen Kultur zu bewahren. Wegen der Nähe zu Menschen, die die ihnen geläufige Sprache sprechen, können ältere Zuwanderer viel von ihrer ursprünglichen ethnischen und nationalen Identität bewahren. Die Sprache ihrer Wahlheimat nicht zu lernen, verwehrt ihnen jedoch größtenteils die volle Nutzung der Möglichkeiten, die ihre neue Heimat bietet.

Wie bereits oben z.T. dargelegt, ist Akkulturation (oder die Entscheidung, sich nicht zu akkulturieren) ein komplexes und vielschichtiges psychologisches Phänomen. Früher nahm man an, dass eine Person alte Denk- und Handlungsweisen loslassen müsse, um sich an das neue Land anzupassen. Heutzutage berücksichtigen die sich entwickelnden Philosophien über den Akkulturationsprozess die vielen Wege, die ein Immigrant einschlagen kann, um sein neues Land als Heimat zu empfinden. Ein Basismodell, das von John Berry[27] vorgeschlagen und weitestgehend übernommen wurde, lautet:

Akkulturationsmodell		
	Neigt dazu, Normen des Herkunftslandes beizubehalten	Hält keine Normen des Herkunftslandes ein
Neigt dazu, die Normen des neuen Landes zu lernen und zu übernehmen	Integriert (Bikulturell)	Assimiliert
Erlernt und übernimmt keine Normen des neuen Landes	Getrennt von der breiteren Gesellschaft Bleibt Traditionell im Herkunftsland	Marginalisiert (oder entwickelt etwas völlig Neues)

Betrachtet man diese vier möglichen Felder, so ergeben sich folgende potentielle Akkulturationsresultate (oder Akkulturation in geringerem Ausmaß):

Assimilation bedeutet in diesem Kontext, dass die Immigranten die mit ihrem Herkunftsland verbundenen Normen und Praktiken losgelassen und sie durch die ihres neuen Landes ersetzt haben. Dies entspricht etwa der alten Auffassung von Integration: der Glaube, dass Menschen per Definition Traditionen aus dem Heimatland hinter sich lassen müssen, um neue zu erlernen. Mittlerweile hat die Forschung belegt, dass dies nicht der einzige Weg der Akkulturation ist. Jedoch könnte dies durchaus eine Strategie für Menschen sein, die glauben, dass ihre Migration einen sauberen Bruch mit der Vergangenheit und einen Neuanfang für eine bessere Zukunft darstellt. Ebenso kann diese (Strategie) von denjenigen angenommen werden, die in ihrem Heimatland mit den üblichen Glaubensvorstellungen in Konflikt geraten sind und/oder wegen ihrer Andersgläubigkeit verfolgt wurden. Aspekte wie etwa Ähnlichkeiten zwischen Herkunftsland und neuem Umfeld (dieselbe Sprache, ähnliche Glaubenspraktiken) sowie historische politische Umstände (z. B. die Flucht aus einer Gesellschaft, die sich mit dem neuen Gastland im Krieg befindet) während der Einwanderung können ebenfalls eine Rolle dabei spielen, ob sich ein Einwanderer für eine Assimilation entscheidet. Eltern mit Migrationshintergrund können die Assimilation als sicherere Option für ihre Kinder ansehen. Auch besteht in allen Immigrantenfamilien die Wahrscheinlichkeit einer stärkeren Assimilation mit jeder neuen Generation. Kinder neigen eher dazu, sich zu assimilieren, als ihre Eltern, und dann führen die Kinder der Kinder diesen Prozess fort.

Zum vollen Verständnis von Assimilation ist vor allem auch ein Blick auf die Geschichte wichtig. In den USA wurde z. B. während des 18. Jahrhunderts von den Immigranten erwartet, dass sie sich assimilieren und in den Mainstream des amerikanischen Lebens einfügen, was die Assimilation zu einem Zwangskonstrukt für die Einwanderung machte.

Separation ist grundsätzlich das Gegenteil von Assimilation und bedeutet ein vergleichsweise begrenztes Maß an Akkulturation. Dies wird manchmal als „traditionell (sein)" bezeichnet Es kommt dann vor, wenn Einwanderer vorsätzlich die Normen ihres ursprünglichen Landes beibehalten und eine Übernahme der Praktiken ihres neuen Landes ablehnen. Dafür gibt es viele Begründungen. Von den Menschen, die eine erzwungene Migration erleben, glauben einige, dass sie irgendwann in ihr Herkunftsland zurückkehren. Sie könnten z. B. durch Krieg oder Gewalt gezwungen gewesen sein, das Land zu verlassen. Sie halten an den Normen ihres Heimatlandes fest und denken, dass sie zurückkehren werden, wenn sich die Situation „zu Hause" beruhigt hat.

Etliche sind außerdem der Meinung, dass eine neue Sprache zu lernen einfach zu schwierig ist. Sie fühlen sich nur sicher, wenn sie von anderen aus ihrem Heimatland umgeben sind, oder empfinden einige Praktiken des Landes, in dem sie sich befinden, als Gegensätze zu ihren eigenen moralischen oder religiösen Überzeugungen. Dies resultiert möglicherweise in ethnischen Nachbarschaften, die Zuwanderer von der breiteren Gesellschaft isolieren. Die Bequemlichkeit des Vertrauten ist durchaus nachvollziehbar, jedoch bedeutet sie zugleich in Bezug auf den wirtschaftlichen Erfolg und die allgemeine Teilnahme an der breiteren Gesellschaft eine Beschränkung.

Marginalisierung ist ein Begriff, der häufig bei Immigranten Verwendung findet, die weder ihre traditionellen sozialen Normen beibehalten noch die ihres neuen Landes übernehmen. Eine häufige, wenn auch oft nicht korrekte Annahme ist, dass Menschen sich grundsätzlich keiner eindeutigen Kategorie zugehörig fühlen. Allerdings haben einige Menschen, vor allem innerhalb der jüngeren Generationen, neue persönliche

Ausdrucksformen entwickelt, die in ihrem Heimatland oder in ihrer neuen Gesellschaft nicht automatisch erkennbar sind. Wie schon zuvor erwähnt, setzt sich der Prozess der Akkulturation über Generationen hinweg fort und kann bei den Kindern von Zuwanderern neue Formen annehmen. In diesem Zusammenhang können sich einzigartige Gegebenheiten entwickeln. Beispielsweise trugen in der mexikanisch-amerikanischen Kultur der 1940er Jahre einige jüngere Leute Zoot Suits, eine einzigartige Mode, die eventuell von schwarzen Gemeinschaften (speziell Jazzmusikern) abgeleitet wurde. Dieser Stil war weder in Mexiko noch in den weiteren Vereinigten Staaten üblich. Auch in der Chicano-Lowrider-Kultur gibt es Menschen, die klassische Autos auf einzigartige Weise umbauen. Im Mainstream der Vereinigten Staaten und in der mexikanischen Tradition gibt es diese Form des Ausdrucks nicht. (Wir vermuten, dass es schwierig wäre, einen Lowrider in Mexiko-Stadt zu finden) Kurz gesagt, manche Menschen wenden diese akkulturative Strategie an - sie erfinden ihre eigenen expressiven Bräuche als Einwandererkultur, um eine neue und einzigartige Identität für sich selbst zu entwickeln.

Integration, auch bekannt als „Bikulturalität", ist eine Strategie, bei der Personen wesentliche Sitten aus ihrem Herkunftsland beibehalten und zugleich Bräuche aus ihrem neuen Land übernehmen. Mit anderen Worten: Die Menschen bewahren einen Grad an Integrität zu ihrer Heimatkultur, während sie gleichzeitig lernen, wie sie als wichtiger Teil am größeren sozialen Netzwerks ihres neuen Landes teilhaben können. Dies bietet das Potenzial für einen „das Beste aus beiden Welten" Ansatz. Sich in zwei oder mehr Kulturen auszukennen, bietet Zugang zu Ressourcen, die in einer Reihe von Umgebungen nützlich sind. Zwei- oder gar mehrsprachig zu werden, ist ein

gutes Beispiel für Integration. Es verschafft Ihnen die Möglichkeit, Ihren Erfolg zu steigern, da mehrsprachig zu sein in bestimmten Teilen der Welt sehr geschätzt wird. Natürlich sind
einige Aspekte der Bikultur einfacher, andere wiederum schwieriger zu bewältigen. Straßenschilder (lesen) zu lernen, könnte relativ einfach sein. Sie vergessen dabei nicht, diejenigen
in Ihrem Herkunftsland zu lesen. Aber mit zwei verschiedenen
Religionen klarzukommen (im Falle der Einwanderung in ein
Land, in dem die vorherrschende Religion sich deutlich von
der eigenen unterscheidet) ist in der Durchführung schon nicht
mehr so leicht.

Was motiviert Menschen, eine dieser Optionen anzunehmen? Warum sind manche Menschen eher gewillt, Sitten und
Gebräuche ihrer Wahlheimat zu übernehmen, während andere das nicht tun? Ein paar Gründe sind oben bereits genannt
worden. Aber es gibt noch viele weitere Umstände zu bedenken. Die Forschung auf diesem Gebiet erweitert unser Wissen
fortwährend. Am Ende dieses Kapitels finden Sie einige Quellen zu diesem Thema.

Akkulturation kann zusammengefasst als Prozess beschrieben werden, in dem ein Immigrant eine Reihe von Fähigkeiten
(nicht) erlernt, die zur erfolgreichen Integration in die neue
breitere Gesellschaft notwendig sind. Der Prozess beeinflusst
viele Aspekte des Lebens eines Einwanderers. Dazu gehört,
wie Krankheiten, einschließlich psychischer Erkrankungen,
und Gesundheitsleistungen wahrgenommen werden. Darüber
hinaus beinhaltet es, wie Einwanderer von der Allgemeinheit aufgenommen werden. Wir werden Akkulturation und
Wahrnehmung der körperlichen sowie der psychischen Gesundheit und die Versorgung in späteren Kapiteln behandeln.

Ein ganz besonderer Aspekt aber, der am unmittelbarsten mit der psychischen Gesundheit zusammenhängt, ist:

Akkulturationsstress

Ein Prozess, der den Menschen abverlangt, neue und unterschiedliche Fähigkeiten zu erlernen, von denen viele subtile Nuancen beinhalten, die extrem herausfordernd sein können, verursacht oft Stress. Eine mögliche Konsequenz der Akkulturation ist also eine Ansammlung von Sorgen und Ängsten. Dies führt uns zum Konzept vom „akkulturativen Stress". Diese Form von Stress ist definiert als deutliche Verschlechterung des allgemeinen Gesundheitszustandes einer Person. Sie umfasst physiologische, psychologische und soziale Aspekte, die explizit mit dem Akkulturationsprozess assoziiert sind. Der Grad an Akkulturationsstress, den ein Individuum erlebt, reicht von leichten Spannungen, die sich mit zunehmender Anpassung des Individuums allmählich verbessern, bis hin zu lähmendem Stress, der mit der Zeit immer schlimmer wird. Am häufigsten zeigen unter Akkulturationsstress leidende Personen Symptome von Angst und Depression, die ohne ein effektives soziales Unterstützungssystem zunehmen können.

Wie in Kapitel 2 angemerkt, wurde Akkulturationsstress in formalen diagnostischen Büchern, die sich mit psychologischen Schwierigkeiten im Kontext mit Migration befassen, anerkannt. „Akkulturationsstress" und „Akkulturationsschwierigkeiten" kamen als diagnostische Begriffe zum Tragen (DSM-5).[19] Die Akkulturationsstress-Intensität hängt tendenziell von den Gemeinsamkeiten oder Unterschieden zwischen dem Herkunftsland der Zuwanderer und ihrem neuen Land ab. Umfasst sind davon auch die politischen und sozialen Einstellungen der Gastgeberkultur, vor allem gegenüber den Neuankömmlingen.

Es überrascht nicht, dass je grundlegender sich die Gastgeberkultur von der Herkunftskultur des Neuankömmlings unterscheidet, desto intensiver wohl der akkulturative Stress erlebt wird.[28]

Allgemein betrachtet kann die Akkulturation für einen Immigranten, der aufgrund seiner beruflichen Expertise sehr gefragt ist und/oder der „wie" die einheimische Bevölkerung aussieht (weil das Heimatland und das neue Land ähnliche Sprachen, Traditionen, Religion und ethnische Zusammensetzung haben), ein im Vergleich leichteres Unterfangen sein. Andererseits besteht eine Tendenz dahingehend, dass Menschen, die „anders" aussehen, aus niedrigeren sozioökonomischen Verhältnissen kommen oder deren Wissen und Expertise in ihrem neuen Land nicht akzeptiert werden (z. B. im Ausland ausgebildete Ärzte), mehr Hindernisse zu überwinden haben.

Wie bereits erwähnt, gibt es bei der Akkulturation auch die Generationen betreffende Komponente. Jüngere Menschen haben regelmäßig weniger Probleme damit, eine neue Sprache zu lernen und sich an eine neue Umgebung anzupassen. Der Umstand, dass sie diejenigen werden, die den älteren Verwandten dabei helfen, sich in der Gesellschaft zurechtzufinden, kann die traditionellen familiären Machtverhältnisse verschieben. Familien aus konservativeren Kulturen können außerdem darüber verärgert sein und sich nicht respektiert fühlen, wenn ihre Kinder in ihrem neuen Land liberalere Praktiken übernehmen. Während im Allgemeinen die heranwachsenden Jugendlichen die Eltern in den stabilsten Zeiten herausfordern und verärgern, kann das Ungleichgewicht in der Familiendynamik noch ausgeprägter sein, wenn die kognitive Veränderungen der jungen Erwachsenen mit der Immigration zusammenfallen. Der Akkulturationsprozess kann, wie schon bemerkt, über mehrere

Generationen ablaufen, wobei jede in alters- und zeitspezifischen Realitäten agiert.

In Anbetracht dessen können Eltern und Kinder mit Migrationshintergrund zunehmend in so etwas wie verschiedenen Welten leben. Eltern haben oft wenig Verständnis für das Leben ihrer Kinder außerhalb des Hauses. Auf der anderen Seite sehen sich Kinder der Situation ausgesetzt, mit den Erwartungen einer Kultur im Elternhaus und einer anderen in der Schule jonglieren zu müssen. Das kann sie zögern lassen, Probleme mit ihren Eltern zu besprechen, weil diese die neue Kultur nicht gut genug kennen, um „klugen Rat" zu erteilen. Kinder haben vielleicht auch Angst, ihre Eltern zusätzlich zu belasten.

Die Forschung fand Verbindungen zwischen dem Spracherwerb von Latino-Jugendlichen, der Familie und der breiteren Gesellschaft. Im Schnitt wurden diejenigen, die weniger Englisch gelernt hatten, von ihrer direkten Familie und ihren Freunden positiver angesehen (also etwa als „bessere" Kinder), während solche, die mehr Englisch gelernt hatten, in allen anderen Lebensbereichen wie der Schule positivere Erfahrungen machten.[29] Der Verlust der familiären Nähe kann für Heranwachsende eine Quelle von Stress sein. Das Gefühl, sich zwischen Familie und Erfolg in der weiten Welt entscheiden zu müssen, ist für sie keine leichte Entscheidung. Es kann die Eltern durchaus verärgern, wenn sie sich von ihren Kindern im Stich gelassen fühlen. Kinder nehmen dann diese Not für sich an, wodurch sie ängstlich werden.

Auch der akkulturierte Stress ist bei Flüchtlingen tendenziell hoch. Aber ihre Erfahrung ist nicht einzigartig. Zum Beispiel kann der von internationalen Studierenden berichtete Akkulturationsstress an den von Flüchtlingen heranreichen, was auf den ersten Blick doch überraschend sein kann. Möglicherweise lässt sich dies darauf zurückführen, dass internationale Studierende bei ihrer Einreise in ein Gastgeberland höchstwahrscheinlich nur über begrenzte persönliche Ressourcen verfügen. Ihre Erfahrungen als Studenten können auch multiple, überschneidende Schwierigkeiten bedingen, da die Studenten zusätzlich zu den allgemeinen Akkulturationsproblemen mit traditionellen akademischen Belastungen konfrontiert sind. Dieser Stress wird noch dadurch verstärkt, dass ihnen in der Regel die persönlichen Unterstützungssysteme fehlen, auf die einheimische Studenten zurückgreifen können. Die kombinierte Wirkung der Stressoren, gepaart mit dem eventuellen Defizit an verfügbaren Ressourcen zur Unterstützung internationaler Studenten und dem Übergang in die gesamte Gesellschaft, machen die Studenten sehr anfällig für die schädlichen Auswirkungen von Akkulturationsstress. Neben mehr zusätzlichen, stressbedingten Erkrankungen neigen internationale Studierende außerdem dazu, aus Angst vor dem Stigma keine psychologische Hilfe in Anspruch zu nehmen. Dies verschärft das Problem sogar noch.[25]

Es ist also insgesamt keine Überraschung, dass Akkulturation stressig sein kann. Die Forschungsliteratur hat Assoziationen mit emotionalen Schwierigkeiten (z. B. Depression, Angst und Einsamkeit), Drogenmissbrauch, körperlichen Problemen, Belastungen der familiären Beziehungen und anderen Problemen festgestellt. Es gibt darüber hinaus deutliche Hinweise darauf, dass einige Gruppen stärker betroffen sind als andere. Einer dieser Faktoren ist, ob die Migration einer Person freiwillig war oder nicht. Unfreiwillige Migranten erfahren etwa 50 % mehr akkulturativen Stress als solche, die ihr Herkunftsland unter positiveren Umständen verlassen haben. Wie bereits erwähnt, kann auch die Familiendynamik belastend sein, ebenso wie die negativen Reaktionen, die Zuwanderer von Menschen in der breiteren Gesellschaft erfahren können. Wir werden das im Abschnitt „Diskriminierung" weiter unten noch vertiefen.

Was kann helfen, die Akkulturation weniger stressig zu gestalten? Die Forschung erkennt weniger Stress bei jüngerem Migrationsalter und höherem Bildungsniveau. Einige Studien haben außerdem eruiert, dass der Wunsch oder zumindest die Bereitschaft, sich zu akkulturieren, Stress senken kann.[30] Bemühungen der Allgemeinheit, umfassende, organisierte und integrierte soziale Systeme zu entwickeln, die Neuankömmlingen helfen, erfolgreich zu sein, würden zu einer Lösung beitragen.

Die Akkulturation ist allerdings nicht die einzige Schwierigkeit, die Immigranten im Umgang mit ihrer neuen Kultur überwinden müssen. Ein weiteres Element besteht in unserer innersten Eigenidentifikation. Dies bringt uns zu einer Diskussion über die ethnische Identität.

Ethnische Identität

Dr. Jean Phinney, eine führende Expertin auf dem Gebiet der ethnischen Identität, hat diese definiert als *"einen dauerhaften, grundlegenden Aspekt des Selbst, der das Gefühl der Zugehörigkeit zu einer ethnischen Gruppe und die mit dieser Zugehörigkeit verbundenen Einstellungen und Gefühle umfasst"*[31]

Informeller ausgedrückt, kann „ethnische Identität" als die Entscheidung beschrieben werden, sich mit Gruppen zu identifizieren, zu denen wir uns verwandt fühlen. Für Immigranten schließt die Identifikation oft die Einsicht ein, dass es in ihrer neuen Gesellschaft (wie an den meisten Orten auf der Welt) einen dramatischen Einfluss darauf haben kann, wie andere einen behandeln, wie man sich selbst nennt und mit wem man sich verbindet. Dazu gehört nicht nur das „Lernen von

Spielregeln" (Akkulturation), sondern auch das Verständnis, dass „Regeln davon abhängen, wer man ist."

Das Verständnis der sozialen Macht verschiedener Gruppen in der größeren Gesellschaft ist Teil der Entscheidungsfindung eines Einwanderers und lenkt oft die Entscheidungen, die Menschen treffen. Grundsätzlich stellt die Theorie der sozialen Identität[32] fest, dass Menschen zwei grundlegende Optionen haben, ihr Wohlbefinden zu verbessern, wenn sie z. B. Mitglieder einer vergleichsweise macht- / ressourcenarmen Gruppe sind. Sie können entweder versuchen, sich einer Gruppe mit mehr Macht anzuschließen oder Wege finden, die Macht ihrer eigenen Gruppe zu vergrößern. Phänotyp (z. B. Hautfarbe), ethnische Zugehörigkeit, Sprache, Akzente, Religion (z. B. solche, die eine spezifische Kleidung verlangen) und andere Faktoren können es für Menschen schwierig machen, in eine dominante, mächtige Gruppe aufgenommen zu werden (im Wesentlichen zu „bestehen"). Damit bleiben Bemühungen, die Macht der eigenen Gruppe zu steigern, als letzte Wahl. Historisch betrachtet haben Menschen dies mit einer breiten Palette von Strategien versucht. Diese umfasst die Befürwortung durch soziale Medien, Kunstformen wie Musik und Kino, politische Befürwortung, Proteste, Märsche und sogar Gewalt, die wir nicht befürworten. Keinesfalls überraschend ist, dass Diskriminierung Menschen davon abhält, soziale Macht und Ansehen zu erlangen.

Diskriminierung

Die American Psychological Association (APA) definiert Diskriminierung als ungerechte oder benachteiligende Behandlung von Menschen und Gruppen aufgrund spezifischer Merkmale, etwa Rasse, Geschlecht, Alter oder sexueller Orientierung.[33] Aus psychologischer Sicht ist Diskriminierung ein Problem der öffentlichen Gesundheit. Laut der „2020 Stress in America-Umfrage" bewerten Menschen, die sich diskriminiert fühlen, ihr Stressniveau im Allgemeinen höher als diejenigen ohne solche Erfahrungen.[34] Die Folgen können körperliche und psychische Gesundheitsprobleme sein, darunter Angstzustände, Depressionen, Fettleibigkeit, Bluthochdruck und Drogenmissbrauch. Menschen können negativ beeinflusst werden, auch wenn keine persönliche Diskriminierung stattgefunden hat. Allein die Zugehörigkeit zu einer Gruppe, die unter Diskriminierung leidet, kann Ängste und Sorgen verursachen. Darüber hinaus bewirkt die Antizipation von Diskriminierung ihren eigenen chronischen Stress. Menschen vermeiden eventuell Situationen, in denen sie erwarten, schlecht behandelt zu werden, und verpassen so möglicherweise Bildungs- und Jobchancen.

Wie sieht die Diskriminierung unter Zuwanderern aus? EU-Statistiken belegen, dass Nordafrikaner (31 %), Roma (auch Zigeuner genannt) (26 %) und Afrikaner südlich der Sahara (24 %) die meisten Vorfälle aufgrund ihrer ethnischen Herkunft, Rasse oder ihres Migrationshintergrunds melden. Immigranten der zweiten Generation berichten tendenziell öfter davon, Diskriminierung erlebt zu haben, vielleicht weil sie stärker akkulturiert sind und daher eher in der Lage sind, solche Vorfälle als das zu erkennen, was sie sind, wenn sie auftreten. Viele Betroffene (71 %) gaben an, dass sie nicht wissen, an wen sie sich wegen Hilfe wenden können.[35]

Die britische Umfrage zeigte außerdem, dass Diskriminierung am häufigsten im Gesundheitswesen (59 %), im Beruf oder am Arbeitsplatz (50 %) und im Wohnungswesen (36 %) vorkommt. Die häufigsten Diskriminierungshandlungen basieren statistisch gesehen auf der Hautfarbe und „ausländisch

klingenden" Namen. Solche Umstände sind persönlich erschütternd. Aber sie untergraben auch die mögliche Verbundenheit
der Zuwanderer mit ihrem neuen Land und das Vertrauen, das
sie in die Institutionen dieses Landes haben.[35]

Hier ist ein weiteres Beispiel: In den USA gibt es im Jahr
2019 etwa 60,6 Millionen Latinos. Etwa die Hälfte sind Einwanderer und weitere 23 % sind in den USA geborene erwachsene
Kinder eingewanderter Eltern. Aus diesen Gruppen berichten
38 % der Erwachsenen, dass sie im vergangenen Jahr persönlich
Diskriminierung erlebt haben. Die Vorfälle umfassten Kritik
daran, dass sie in der Öffentlichkeit Spanisch sprachen, dass ihnen gesagt wurde, sie sollten zurück in ihr Heimatland gehen,
und dass sie beleidigend beschimpft wurden.[36]

Manchmal reicht die einfache Tatsache, dass Menschen als
„Ausländer" angesehen werden, um Diskriminierung auszu-
lösen. In den USA bezieht sich eine solche Bezeichnung oft auf
Migranten aus Mexiko, China oder den Philippinen. In Großbritannien bezieht sich der Begriff in der Regel auf Menschen aus
Indien, Pakistan, Polen und Irland. Einige Untersuchungen
haben gezeigt, dass es Vorurteile gegenüber „Ausländern" gibt,
egal woher sie kommen. Der Grund dafür könnte die Befürch-
tung sein, dass sie Arbeitsplätze besetzen und Sozialleistungen
auf Kosten der einheimischen Bürger in Anspruch nehmen.
Andere Studien offenbarten, dass Menschen gegenüber Ausländern, die sich kulturell von der einheimischen Bevölkerung unterscheiden, eine negativere Haltung einnehmen, weil sie eine
kulturelle Bedrohung darstellen.

Es können Vorurteile gegenüber Neuankömmlingen und/
oder weniger akkulturierten Personen auftreten, selbst innerhalb derselben ethnischen Gruppe. In einigen Jugendstrafan-
stalten werden z. B. mexikanisch-amerikanische Jugendliche,

die wenig oder gar kein Englisch sprechen, von ihren akkulturierteren mexikanisch-amerikanischen Altersgenossen verächtlich behandelt und manchmal schikaniert.

Nicht alle Statistiken sind schlimm. In den USA behaupten etwa 30 % der Latinos, dass jemand sie aufgrund ihres Latino-Hintergrunds unterstützt hat.[36]

Wenn Menschen aus allen Bereichen des Lebens unterstützend tätig sind, macht das einen großen Unterschied. Dies gilt nicht nur, aber mit Sicherheit auch für den Rechtsschutz.

In entwickelten Ländern gibt es einige Gesetze, die Menschen vor Diskriminierung schützen sollen. In den USA zum Beispiel verbietet der Fair Housing Act[37] die Diskriminierung beim Verkauf, bei der Vermietung und bei der Finanzierung von Wohnungen aufgrund von Rasse, Hautfarbe, nationaler Herkunft, Religion, Geschlecht, Familienstand und Behinderung. Der Civil Rights Act[38], der Age Discrimination in Employment Act[39] und der Americans with Disabilities Act[40] verbieten die Diskriminierung bei der Beschäftigung aufgrund von Rasse, Hautfarbe, Geschlecht, ethnischer Herkunft, Alter und Behinderung. Gesetze sind zwar wichtig, aber sie sind nicht die ganze Geschichte. Manche Verstöße sind vor Gericht schwer zu beweisen. Wie im Folgenden beschrieben, sind andere nur schwer zu erkennen.

Manche Benachteiligungen sind eklatant. Aber Experten sagen, dass es auch kleinere Beispiele für alltägliche Vorurteile gibt. In Geschäften oder Restaurants unzulänglich bedient zu werden, mit wenig Höflichkeit und Respekt behandelt zu werden, oder als weniger intelligent oder weniger vertrauenswürdig behandelt zu werden, kann häufiger vorkommen als „offensichtliche" Diskriminierung. Manchmal als „Mikro-Aggressionen" bezeichnet, sind diese Handlungen noch subtiler.

Aber sie können für Gesundheit und Wohlbefinden genauso schädlich sein wie offensivere Handlungen. Menschen, die tagtäglich Diskriminierung erleben, empfinden oft einen permanenten Zustand der Wachsamkeit. Diese gesteigerte Wachsamkeit kann chronischen Stress erzeugen.[41]

Ein Wort zur „Wahrgenommenen Diskriminierung"

Falls Sie Literatur zum Thema Diskriminierung lesen, ist Ihnen vielleicht schon der Begriff „wahrgenommene Diskriminierung" aufgefallen. In diesem Kontext soll das Wort „wahrgenommen" nicht implizieren, dass die Erfahrungen der Menschen mit Diskriminierung und Rassismus gar nicht real sind. Viel häufiger sind Wahrnehmungen rund um die Diskriminierung fundiert. Wenn überhaupt, muss Diskriminierung nicht direkt offensichtlich sein, sondern kann subtileren Ausdruck finden, z. B. aufgrund von Rasse, Geschlecht, sexueller Orientierung usw. von Wohnungen oder Arbeitsplätzen ausgeschlossen zu werden. Aber der Ausdruck „wahrgenommen" wird manchmal in der Forschung verwendet, weil es die Wahrnehmung oder das Bewusstsein von Diskriminierung ist, die tendenziell die Einstellungen und Verhaltensstrategien bestimmen.

Unsere eigenen Geschichten:

Beim Schreiben dieser Kapitel setzen wir unser Fachwissen ein, um die unserer Meinung nach wichtigen Aspekte darzustellen. Aber da wir „den Weg (selber) gegangen sind", ist unsere Erörterung ebenso von unseren persönlichen Erfahrungen mit Einwanderern geprägt. Dies sind einige solcher Erfahrungen:

Akkulturation und Identität: Eine persönliche Geschichte (Joachim O. F. Reimann)

Der Umzug von Deutschland in die USA (San Diego, Kalifornien) im Alter von 10 Jahren im Jahr 1960 war ein Abenteuer. Meine Freunde zu Hause waren neidisch. Schließlich war Amerika das Land der Möglichkeiten und der Legende. Wichtige Dinge geschahen in den USA, was am häufigsten durch die Skyline von New York dargestellt wurde. Vor allem aber war Amerika der Ort, an dem man sehr große Autos mit Heckflossen herstellte.

Die allermeisten Berührungen mit der englischen Sprache hatte ich jedoch in einer Klasse des *Realgymnasiums*, das auf die Hochschulreife vorbereitet. Dort lernte ich das Wort „satchel" (Schulranzen) und wurde unter anderem nach meiner Fähigkeit, einen sehr britischen Akzent nachzuahmen, benotet. Unnötig zu sagen, dass das Erlernen der englischen Sprache eine Herausforderung war, und die Dr. Seuss-Bücher, die mir in der Schule vorgelegt wurden, reichten einfach nicht aus. Es reichte gerade nur so weit, dass die 'Cat in the Hat' (Katze im Hut) oder 'Yertle the Turtle' (Yertle, die Schildkröte) mich erwischen konnten.

Einer der einprägsamsten Ratschläge war, dass ich etwas mit meinem Namen machen sollte. Die Leute in den USA konnten den „ch"-Laut in „Joachim" einfach nicht aussprechen Wie sich herausstellte, gab es ein Äquivalent im Spanischen (Joaquin), aber nichts im Englischen. Und noch schlimmer: Gemäß der Familientradition habe ich vier Namen - Joachim Oskar Ferdinand Reimann. Die beiden mittleren Namen sind die

Vornamen meiner beiden Großväter. Das war ein bisschen viel, sogar für mich.

Es musste also eine Entscheidung getroffen werden. Ich konnte „Akim" sein, oder „Joe" Aber beide Optionen hatten so ihre Tücken. Akim ist der Name einer Comic-Figur in Europa (Google *Akim Held des Dschungels*). So sehr ich Comics auch vielleicht interessant fand, das war einfach nichts, womit ich in Verbindung gebracht werden wollte. Gleichzeitig war „Joe" zu der Zeit ein häufiger Name in Liedern: „Hey Joe, where you goin' with that gun in your hand?" und „Surfer Joe" In Anbetracht der Tatsache, dass ich in Südkalifornien war, machte Surfer Joe letztendlich das Rennen gegen die Alternative.

Damit war die Annahme des Namens Joe eine meiner Anpassungen an die Akkulturation. Zugleich blieb und bleibt meine Identität sehr deutsch. Ich vermute, die meisten Leute sehen mich als Deutsch-Amerikaner, außer die Leute in Deutschland, die mich einfach als Amerikaner betrachten. Während ich also immer noch routinemäßig den Namen Joe benutze, um es den Leuten einfach zu machen, tragen meine offiziellen Dokumente, einschließlich meines Reisepasses, wissenschaftlicher Publikationen und dieses Buch, meinen vollen und echten Namen, komplett mit beiden mittleren Initialen. Ich bin stolz darauf, US Bürger zu sein. Aber auch mein deutsches Erbe zählt.

Habe ich vorsätzliche Diskriminierung erfahren? Ich bezweifle es. Aber ich erlebte Ignoranz unter Gleichaltrigen und ein Bildungssystem, das nicht darauf vorbereitet war, effektiv auf meine Umstände zu reagieren.

Beispielsweise wurde ich schon recht früh von Kommil-
itonen gefragt, ob ich Chruschtschow (den damaligen
Führer der Sowjetunion) kenne. Dies war eine verwir-
rende Frage für mich. Im Nachhinein betrachtet, galt
ich als Deutscher wohl als einer der Bösen. Viele Fernse-
hsendungen zu dieser Zeit, wie „Rat Patrol" und „Com-
bat!", sahen keinerlei Anlass, zwischen Nazis und allen
anderen Deutschen zu unterscheiden. Chruschtschow
war ein Mitbösewicht und als solcher hingen wir vermutlich alle zusammen herum. Außerdem hat die ganze
Klasse am Ende der 5. Klasse standardisierte Tests ab-
solviert. Da ich die englische Sprache noch nicht beherrschte, hatte ich keine Chance. Infolgedessen wurden
die Lektionen, die ich bekam, bemerkenswert einfach,
bis meine Eltern mir, als ich von einem Tag der offenen
Tür in der 7. Klasse nach Hause kam, einige kritische
Fragen stellten. Als hochgebildete Leute waren sie ent-
setzt, dass ihr Sohn in eine Klasse für Entwicklungsver-
zögerte (nach dem damaligen Begriff: geistig Zurück-
gebliebene) gesteckt worden war. Meine leichte Zeit in
der Schule war vorbei. Ich wiederholte im Sommer alle
Kurse und landete schließlich in den Leistungskursen
(einschließlich Englisch).

Obwohl mein Akkulturationsprozess mit Herausforderungen verbunden war, war er relativ einfach im
Vergleich zu den Umständen, mit denen nicht-weiße,
nicht-europäische, weniger gut ausgebildete Menschen
konfrontiert sind. Seit über 15 Jahren arbeite ich in
meiner klinischen Praxis auch mit Menschen, die aus
Somalia und anderen Kriegsgebieten geflohen sind. Oft
hatten diese Flüchtlinge die traumatischen Ereignissen

zu verarbeiten, die sie in ihrer Heimat erlitten haben, mit langen Perioden der Ungewissheit, mit dem Leben in unhygienischen und verarmten Bedingungen (wie überfüllten Flüchtlingslagern), mit Ängsten um den Zustand und die Sicherheit der Menschen, die sie zurückgelassen haben, und mit Problemen bei der Anpassung an neue Länder. Es überrascht nicht, dass einige dieser Vertriebenen sowohl physische als auch psychische Narben davongetragen haben.

Im folgenden Kapitel werden solche Faktoren tiefergehend behandelt.

Akkulturation und ethnische Identität: Eine persönliche Geschichte (Dolores I. Rodríguez-Reimann)

Als Psychologin umfasst meine Arbeit regelmäßig u.a., eine veränderte Perspektive anzubieten, einen Kontext, wenn Sie so wollen, der den Patienten einen Spiegel vorhält, um die Dinge anders zu sehen. Das hilft, dass Mitgefühl, Vergebung und Heilung stattfinden können. Ein Großteil der Arbeit ist daher psychoedukativ. Zu so ziemlich jeder Zeit setzt sich meine klinische Praxis zu etwa 45 bis 70 % aus Patienten mit Migrationshintergrund zusammen. Deshalb nehme ich mir oft die erforderliche Zeit, um die Bedeutung von Wörtern wie „Akkulturation", „ethnische Identität" und „Diskriminierung" zu diskutieren Dies hilft den Patienten, ihre eigenen Erfahrungen besser zu begreifen, indem sie ein Vokabular erhalten, mit dem sie darüber sprechen und alles betrachten können. Viele meiner Patienten haben mir gesagt, dass ein „Etikett", eine „Bezeichnung", ihnen hilft, mehr Kontrolle über die Probleme zu bekommen, die sie plagen. Dabei bemühe ich mich, darauf hinzuweisen, dass das Erleben von Not eine Bestätigung dafür ist, dass mit ihnen nichts „falsch" ist, denn was sie durchmachen, ist oft schwierig und schmerzhaft. Immer wieder höre ich mich sagen: „...wissen Sie, Akkulturation - das Erlernen der neuen Regeln, herauszufinden, wer man ist, woher man kommt und wer man sein will, kann ein schwieriger Prozess sein". Ich identifiziere mich mit ihnen und gebe meine eigene Erfahrung weiter, dass Diskriminierung zu erleben „wirklich Sch..." ist.

In Bezug auf meine persönliche Erfahrung als Einwanderer möchte ich von meiner aktuellen Identität aus retrospektiv beginnen. Wer bin ich und wie bin ich hierher gelangt? Ich betrachte mich selbst als mexikanisch-amerikanische Latina, Doktorin, klinische Psychologin, Ehefrau, Tochter, Schwester und Lieblingstante meiner Nichten und Neffen. Ich bin gesegnet, von vielen als Freund, Kollege und Mentor bezeichnet zu werden. Aber der Mittelpunkt meiner Identität ist, dass ich ein Heiler mit vielfältiger klinischer Praxis bin. Ich bin privilegiert insofern, als dass mich Menschen aus vielen verschiedenen Bereichen des Lebens als „Doctora" (Doktor auf Spanisch) oder „Doc" ansprechen Es handelt sich um Menschen, die mir vertrauen, dass ich sie auf ihrem Weg zur Heilung und Ganzheit begleite. Versuchen Sie mal, bei einer Konferenz all das auf ein Namensschild zu schreiben! Ich sage Patienten oft, dass ich „so weitgehend akkulturiert bin, wie es nur geht" Seit ich als Jugendliche in die Vereinigten Staaten immigrierte, habe ich es geschafft, einen Doktortitel in klinischer Psychologie, zwei Master-Abschlüsse (einen in Beratungspsychologie, einen in klinischer Psychologie), einen Bachelor-Abschluss und einen Associate-Abschluss in Liberal Arts zu erwerben.

Als 15 jährige Einwanderin in dieses Land musste ich die „neuen Spielregeln" lernen (meine Kurzbeschreibung der Akkulturation). Bildung und Karriere sind Bereiche in meinem eigenen Leben, die den Akkulturationsprozess (und die Entscheidungen, die ich für mein Leben getroffen habe) verdeutlichen. Ich sehe mich selbst als das, was die kulturpsychologische Forschungsliteratur als „hochintegrierte Bikulturelle" benennt, also als jemanden, der sich leicht zwischen der mexikanischen Sprache/ den Traditionen/ den Bräuchen und der größeren angloamerikanischen Gesellschaft bewegen kann. Ich bezeichne mich selbst als mexikanisch-amerikanisch, eine Identität, die ich entwickelte, als ich in einer kleinen Stadt namens Eagle Pass an der texanisch-mexikanischen Grenze aufwuchs. Ich bezeichne mich auch als Latina, weil ich die letzten 30 Jahre meines Lebens in Südkalifornien gelebt habe. Als akkulturierte/bikulturelle mexikanisch-amerikanische Latina sehe ich meistens fern und bekomme meine täglichen Nachrichten auf Englisch. Aber meine Musikauswahl reicht von Juan Gabriel und Antonio Aguilar bis zu Madonna, Rod Stewart und den Celtic Women. Wenn es allerdings um familiäre Rollen geht, wurde ich von Menschen, die mir nahestehen, als „sehr traditionell" in meiner Ehe mit meinem Mann beschrieben, mit dem ich seit dreiunddreißig Jahren verheiratet bin.

Zu berücksichtigende Fragen

Unsere professionelle Arbeit umfasst häufig die Durchführung forensischer Auswertungen. Diese Bewertungen, die sich teils auf psychologische Tests stützen, sind zur Verwendung bei Gerichtsverfahren vorgesehen, einschließlich Einwanderungsanhörungen. Wir setzen psychologische Messungen ein - Fragebögen - die uns Auskunft darüber geben, wo Menschen entlang bestimmter psychologischer Dimensionen wie Depression, Angst und wahrgenommener Diskriminierung stehen. Stellen Sie sich ein Balkendiagramm vor: je höher die Zahl, desto wesentlicher die Erfahrung oder die Symptome. Wo würden Sie in dieser Grafik auftauchen? Wie viel/wenig emotionale Belastung und Diskriminierung haben Sie persönlich erlebt?

- Wenn Sie ein Einwanderer sind, denken Sie an Ihre eigenen Erfahrungen. Wie sind Sie durch den Akkulturationsprozess navigiert?
- Wie sieht es mit Ihren Erfahrungen mit Akkulturationsstress aus? Was war (oder ist) für Sie dabei besonders stressig?
- In Bezug auf die ethnische Identität - wie identifizieren Sie sich?
- Was ist Ihnen bei diesem Identifikationsprozess wichtig?

Empfehlungen: Umgang mit Diskriminierung

- Gesunde Methoden für den Umgang mit Diskriminierung zu finden, ist wichtig für Ihre körperliche Gesundheit und Ihr psychisches Wohlbefinden. Konzentrieren Sie sich auf Ihre Stärken. Ihre Grundwerte, Überzeugungen und Stärken können Sie zum Erfolg motivieren und sogar einige negativen Effekte von Vorurteilen puffern. Die Überwindung schwieriger Umstände kann Menschen auch widerstandsfähiger machen und ihre Fähigkeiten, zukünftige Herausforderungen zu meistern, verbessern.

- Suchen Sie sich Förderstrukturen. Es gibt Stärke und Trost in der Menge. Familiensysteme sind für viele von uns eine Quelle der Kraft und des Wohlbefindens. Aber, wie im Laufe der Zeit von den amerikanischen Bürgerrechtsbewegungen gezeigt wurde, können Gruppen erfolgreich auf soziale und politische Veränderungen drängen, auch wenn die Umsetzung langsam erfolgt. Seien Sie sich jedoch bewusst, dass nicht jeder, der behauptet, Ihr Freund zu sein, auch wirklich da ist, um Ihnen zu helfen und Sie zu unterstützen. Falls Bestrebungen bestehen, Gewalt anzuwenden, andere zu entmenschlichen oder zu behaupten, dass Ihre Gruppe besser ist als alle anderen, kehren Sie ihnen den Rücken.

- Verfallen Sie nicht den negativen Aussagen. Manche Menschen „verinnerlichen" abwertende Botschaften, die sie hören. Mit anderen Worten: Sie denken, dass, wenn Menschen wiederholt etwas Negatives über Sie sagen, es wohl wahr sein muss. Sicherlich ist es sinnvoll, konstruktiver Kritik gegenüber offen zu sein und sich selbst entsprechend einzuschätzen. Aber negative Stereotypen, die auf der Zugehörigkeit zu rassischen und ethnischen Gruppen, religiöser Zugehörigkeit, nationaler Herkunft, sexueller / geschlechtlicher Orientierung und anderen demografischen Merkmalen basieren, verursachen Schaden. Sie begünstigen Armut, Hass, Gewalt, Diskriminierung bei der Wohnungssuche und am Arbeitsplatz sowie emotionale Not.

Ressourcen für die Akkulturation:

Hier einige populäre Bücher mit Geschichten und Anekdoten, die für die Akkulturation relevant sind. Sie verwenden nicht

unbedingt eine akademische Sprache, geben aber manchmal humorvolle Einblicke in das tägliche kulturelle Leben
und Erleben der Menschen. Einige sind Fiktion, andere sind
Berichte aus der realen Welt. Als Ausgangspunkt sollten Sie
sich mit Autoren wie José Antonio Burciaga, Rudolfo Anaya,
Alan Gratz und Nikesh Shukla befassen.

Eine organisierte Art und Weise zu einer erfolgreichen Integration

Im späteren Verlauf dieses Buches besprechen wir unsere jüngste Arbeit mit der Group for Immigrant Integration (GIRA).
Vorgestellt wird ein Modell der grundlegenden Faktoren, die
zu einer erfolgreichen Integration führen. Im Wesentlichen
entwickelt es eine Methode zur Messung dieser Faktoren
durch eine Maßnahme namens *Successful Immigrant Resettlement
Inventory*.

4

PSYCHOSOZIALE FAKTOREN

Wie andere Bevölkerungsgruppen auch, können Immigranten unter mannigfaltigen psychischen Störungen leiden, darunter Psychosen, emotionale Störungen, Lernbehinderungen, substanzbezogene Störungen und andere Probleme. Etliche Immigranten, speziell jene, deren Migration auf Zwang beruhte, haben Trauma-kausale psychische Störungen aufgrund von Krieg, Folter, sexuellen Übergriffen/Zwang, Diskriminierung, Gewalt in Form von Raub und Diebstahl und einer Vielzahl anderer Ereignisse erlebt. Der Mangel eines legalen Status bildet ein besonderes Risiko für Zuwanderer ohne Papiere; sie sind häufiger das Ziel, weil die Täter erwarten, dass Konsequenzen ausbleiben werden. Ein Bericht des 'Washington Examiner' vom 21. August 2018 nennt beispielsweise 2.200 Todesfälle, 180.000 Vergewaltigungen und erzwungenen Sex, 81.000 Fälle, in denen man zum Drogenschmuggel gezwungen wurde, und 27.000 Fälle von Menschenschmuggel innerhalb eines Jahres.[42] Dies sind nur diejenigen Fälle, von denen wir Kenntnis haben.

In anderen Fällen sind entführte Kinder in vom Krieg zerrissenen und/oder von Banden beherrschten Gebieten als Soldaten oder Bandenmitglieder rekrutiert worden. Dazu gehörte auch, Kinder unter Drogen zu setzen, um ihre Hemmungen zu senken, wenn es ums Töten geht, intensive Indoktrination und die Ermordung einiger Kinder als Warnung für andere. Es gibt keine Anzeichen dafür, dass solche Vorfälle seltener vorkommen. UNICEF bestätigte allein im Jahr 2016 weltweit 851 Fälle, in denen Kindersoldaten rekrutiert wurden. Das waren doppelt so viele Kinder wie im Jahr zuvor rekrutiert wurden. Prominente Länder waren die im größeren Nahen Osten, Afrika und Mittelamerika.[43]

Es überrascht nicht, dass die langfristigen Auswirkungen von Gewalt und Konflikten auf die psychische Gesundheit von Flüchtlingen ein hohes Maß an Stress mit sich bringen. Hier ein nur allzu typisches Beispiel aus unserer Praxis:

Ein somalischstämmiger Einwanderer mittleren Alters wird von Verwandten zu uns gebracht. Dies kann ein Mann oder eine Frau sein. Aber für die Zwecke unseres Beispiels nehmen wir an, es handele sich um eine Frau. Sie ist sehr in sich zurückgezogen und spricht nicht. Ihre Angehörigen berichten, dass sie auch zu Hause so ist. Sie erläutern, dass während ihrer Zeit in Somalia, gleich nachdem das herrschende Regime während des Bürgerkriegs 1991 gestürzt wurde, Angreifer in das Haus der Familie eindrangen. Der Regime-Wechsel machte Menschen, die bestimmten Stammesverbänden angehörten, angreifbar und in der Region machte sich allgemeine Gesetzlosigkeit breit. Die Angreifer drangen in ihr Haus ein, forderten Geld, töteten etliche Angehörige, vergewaltigten einige der Frauen und schlugen die in unsere Praxis gebrachte Frau mit einem AK-47-Gewehrkolben über den Kopf. Sie verlor das Bewusstsein für eine nicht bestimmbare Dauer. Dann zogen die Angreifer ab, drohten aber damit, wiederzukommen. Möglicherweise haben sie Familienmitglieder aus dem Haushalt mitgenommen (die verbleibende Familie spekulierte, dass dies der Fall war, war sich aber nicht ganz sicher). In jedem Fall bleiben der Aufenthaltsort und der Status einiger Familienmitglieder unbekannt.

Es waren keine nennenswerten medizinischen Leistungen verfügbar. Sobald sich die Menschen im Haushalt genug erholt hatten, um zu reisen, verließen sie Somalia und flohen in ein Flüchtlingslager in Kenia. Dort trafen sie Umstände an, die kaum dem Existenzminimum entsprachen, und wurden von den Einheimischen mit erpresserischen Geldforderungen konfrontiert. Glücklicherweise erhielten sie zumindest eine sehr grundlegende medizinische Versorgung. Nach vielen Jahren im Lager wurden sie zu Flüchtlingen erklärt und in die USA geschickt, wo sie weder die Landessprache (Englisch) noch die Bräuche kannten und auch nicht wussten, wohin sie sich wenden sollten.

Auf der Grundlage solcher Erfahrungen kann man sich nicht wundern, dass manche Immigranten unter psychischen Störungen leiden und von einer Behandlung profitieren würden. In diesem Kapitel werden diese Fragen im Zusammenhang mit relativ häufig auftretenden Schwierigkeiten, dem Bedarf an Dienstleistungen, kulturellen Gepflogenheiten, Bedenken seitens der Immigranten hinsichtlich des Zugangs zur Behandlung und Möglichkeiten zur Überwindung solcher Befürchtungen untersucht. Drogenmissbrauch ist ein weiterer Bereich, der Sorgen bereitet. Es kann sich hierbei als echte Herausforderung erweisen, herauszufinden, was als „kulturell" gilt, was Psychopathologie ist und was unter die Kategorie der Persönlichkeitsmerkmale fällt. Im weiteren Verlauf dieses

Kapitels stellen wir ein Fallbeispiel für die damit verbundenen Komplexitäten vor.

Häufige psychologische Schwierigkeiten

Die Forschung hat gezeigt, dass die migrationsbedingte Traumaexposition unter Immigranten ein bedeutendes Problem ausmacht. So hat etwa eine Studie herausgefunden, dass 29 % der im Ausland geborenen Jugendlichen und 34 % der befragten im Ausland geborenen Eltern ein Trauma im Prozess der Migration erlebt hatten. Darunter wiesen 9 % der Jugendlichen und 21 % der Eltern ein Risiko für eine Posttraumatische Belastungsstörung (PTBS/PTSD) auf. Dieses Risiko wurde noch verstärkt durch eine Herkunft aus armen Verhältnissen, die illegale Einreise in die USA, Diskriminierungserfahrungen in den USA und unsichere Lebensumstände. Soziale Unterstützung und familiäre Nähe verringerten es hingegen.[44]

Ähnliche Muster wurden auch in anderen Teilen der Welt erkannt. Eine deutsche Studie fand z. B. heraus, dass Männer mit „Migrationshintergrund" öfter an PTBS bzw. an Depressionen leiden als Einheimische.[45] Entsprechende Resultate wurden in mehreren anderen Studien in Europa, den USA und anderen Teilen der Welt erfasst.[46]

Obwohl Zuwanderer allgemein eher einfallsreich und widerstandsfähig sind, kann der Prozess der Migration und Anpassung einen emotionalen Tribut fordern. Dies betrifft vor allem Menschen, die bereits in ihrem Herkunftsland unter traumatischen Ereignissen wie Übergriffe, Verfolgung und Folter gelitten haben. Unsere Forschungen mit Menschen aus dem Nahen Osten und Ostafrika haben etwa ergeben, dass zu den häufigsten Beschwerden bei Erwachsenen Hilflosigkeit, Konzentrationsprobleme, Nervosität, Schwierigkeiten beim Ausdruck von Emotionen und verstörende Gedanken über vergangene Traumata gehören. Es ist keine Überraschung, dass gerade jene, die in ihrem Herkunftsland verfolgt worden sind und dann in den USA Diskriminierung erlebt hatten, die zahlreichsten und schwersten Schwierigkeiten beschrieben.

Jugendliche hatten zumeist Probleme mit Nervosität, Frustration, Niedergeschlagenheit und Wut. Dies stimmt mit anderen Untersuchungen überein. Beobachtungen syrischer Flüchtlingskinder haben z. B. erwiesen, dass anhaltende physische Unsicherheit die Not verstärkt und aufrechterhält. Ohne Stabilität und Geborgenheit zu spüren, können traumatisierte Kinder die Ereignisse, die sie erlebt haben, oft nicht verarbeiten. Einige Studien haben die Rate der PTBS bei solchen Kindern auf bis zu 76 Prozent geschätzt.[47]

Eine weitere Hochrisikogruppe sind geflüchtete Frauen und Mädchen. Diejenigen, die aus ihren Heimatländern fliehen, um dem Trauma zu entkommen, unterliegen oft sexueller Gewalt und Versklavung. Vergewaltigung, einschließlich Gruppenvergewaltigung von Frauen und jungen Mädchen während eines Krieges, wird häufig als Strategie zur Unterwerfung, Demütigung und Demoralisierung von Gesellschaften angewandt. Die Botschaft lautet: Fügt Euch oder auch Ihr oder Eure Angehörigen werdet das erleben.[47,48]

Dies führt uns zu mehr Klarheit darüber, wie einige relevante psychische Störungen definiert sind. Was genau ist PTSD? Was ist mit Angstzuständen und Depressionen? Über welche anderen Dinge müssen wir in diesem Zusammenhang nachdenken? Da wir oben schon öfters von PTBS gesprochen haben, lassen Sie uns damit beginnen. Wir müssen jedoch im Voraus sagen, dass diese Beschreibungen keinen Anspruch auf Vollständigkeit haben. Wenn Sie das Gefühl haben, dass Sie die beschriebenen

Symptome haben, gehen Sie nicht automatisch davon aus, dass Sie die Störung haben. Gehen Sie lieber zu einem Fachmann, der die Schwierigkeiten mit Ihnen überprüfen kann.

Posttraumatische Belastungsstörung (PTBS—auch PTSD)

PTSD ist eine „Trauma- und Stressor-bezogene Störung" und beschreibt psychologische Symptome, die sich bei Personen entwickeln können, die direkt oder indirekt schwere emotionale oder körperliche Schwierigkeiten erlebt haben. Beispiele für mögliche Traumata sind Kampferfahrungen, schwere Unfälle, arbeitsbedingte Verletzungen, Missbrauch von Kindern oder älteren Menschen, Vergewaltigung, Körperverletzung, politischer Terrorismus und Verfolgung, lebensbedrohliche Krankheiten und Naturkatastrophen.[19,20]

Wie in der Literatur allgemein beschrieben, sind die Hauptmerkmale der PTBS tendenziell folgende:

- anhaltendes Wiedererleben des Traumas durch Träume und wache Gedanken,
- emotionale Betäubung oder Vermeidung von Erlebnissen und Beziehungen, besonders wenn diese in irgendeiner Weise mit dem Trauma verbunden sind und,
- Symptome wie Wut, Angst und/oder Depression, Schlafstörungen und kognitive Probleme wie Konzentrationsschwäche. Anhaltende und verzerrte Schuldzuweisungen an sich selbst oder andere sowie rücksichtslose oder destruktive Verhaltensweisen sind ebenfalls recht häufig.

Es ist nicht verwunderlich, dass die Bezeichnung „PTBS" zwar erst um 1980 in den diagnostischen Sprachgebrauch einging, Zusammenhänge zwischen Trauma und psychischen Störungen aber historisch in vielen Kulturen erfasst worden sind. In der Vergangenheit wurde das Trauma als Schreckneurose (*terror neurosis*), Granatenschock, Soldatenhitze, Kriegsmüdigkeit und mit vielen anderen Bezeichnungen beschrieben.[49]

Auch der Zusammenhang zwischen Trauma und emotionalen Schwierigkeiten ist in vielen Kulturen erkannt worden. Während die spezifischen Erfahrungen variieren[50], gibt es Gemeinsamkeiten zwischen PTSD und sogenannten kulturgebundenen Syndromen, die festgestellt wurden.[51] Beispiele sind das lateinamerikanische Konzept des *susto* (allgemein übersetzt als Verlust der Seele oder Seelenschreck) und die kambodschanische Beschreibung der *khyâl-Attacken* (übersetzt als Windattacken).[52]

Angstzustände

Die American Psychological Association (APA) definiert Angst als „eine Emotion, die durch Gefühle der Anspannung, besorgte Gedanken und körperliche Veränderungen wie erhöhten Blutdruck gekennzeichnet ist".[53] Bis zu einem gewissen Punkt kann Angst durchaus hilfreich sein. Es kann uns wachsamer gegenüber realen potenziellen Gefahren machen und unsere Reaktionen auf „Kampf oder Flucht" schärfen, damit wir überleben können. Verspürt eine Person allerdings regelmäßig Angst in einem Ausmaß, das durch eine unmittelbare Situation nicht gerechtfertigt ist, kann dies eine psychische Störung nach sich ziehen. In extremeren Fällen können Panikattacken auftreten, die mit erhöhter Herzfrequenz, Schweißausbrüchen, Atembeschwerden und Schmerzen in der Brust einhergehen. Diese Erfahrungen können sich wie ein Herzinfarkt anfühlen, was das Gefühl der Panik noch verstärkt.

Angst wurde in verschiedenen Kulturen mit unterschiedlichen Bezeichnungen beschrieben. Menschen aus lateinamerikanischen Ländern sprechen so etwa zuweilen von einem *Ataque de nervios* („Nervenanfall"). Das umfasst typischerweise Symptome wie intensive akute Angst, Wut, Trauer, Zittern und Hitzegefühle in der Brust.[54]

Depression / Selbstmord

Im Laufe unseres Lebens erlebt fast jeder Mensch Phasen der Unzufriedenheit und Niedergeschlagenheit. Bei manchen Menschen sind solche Schwierigkeiten jedoch langfristiger und schwerer und können als Depression eingestuft werden. Dabei handelt es sich um eine psychische Störung, die häufig durch Traurigkeit, soziale Isolation, Schlafprobleme, Weinkrämpfe, Verlust des Interesses an verschiedenen Aktivitäten, die in der Vergangenheit Spaß gemacht haben, verminderte körperliche Energie, vermindertes Selbstvertrauen, Schwierigkeiten beim Fokussieren und Konzentrieren sowie eine Vielzahl anderer Symptome gekennzeichnet ist. In schwereren Fällen kann es zu Selbstmordgedanken und sogar zu vollendetem Selbstmord führen. Depressionen können aufgrund von Umweltstress/persönlichen Problemen, Sucht, biologischen/ genetischen Faktoren, schweren körperlichen Erkrankungen, Nebenwirkungen von Medikamenten und Nachwirkungen der Schwangerschaft verursacht werden. Einige Episoden können kurz und vorübergehend sein, während andere immer wieder auftreten.

Die Forschung hat bei der Betrachtung der Selbstmordraten unter Immigranten gemischte Ergebnisse erbracht. Einige Studien haben relativ zur einheimischen Bevölkerung niedrigere Raten von Selbstmordversuchen unter Immigranten gezeigt. Andere haben den gegenteiligen Trend belegt. Das höchste Risiko für Versuche, Selbstmord zu begehen, scheinen junge

Frauen südasiatischer und schwarzafrikanischer Herkunft zu sein, die mit Sprachbarrieren, Sorgen um die Familie in der Heimat und der Trennung von der Familie konfrontiert sind.[55] Möglicherweise kennen wir die wahren Suizidraten unter Immigrantengruppen nicht, weil die Art und Weise, wie suizidales Verhalten in verschiedenen Gemeinschaften erfasst oder eben nicht erfasst wird, begrenzt ist.

Substanzmissbrauch

Substanzmissbrauch ist leider weltweit ein signifikantes Problem. Einem Bericht des Büros der Vereinten Nationen für Drogen- und Verbrechensbekämpfung zufolge konsumierten im Jahr 2013 264 Millionen Menschen illegale Substanzen.[56] Sucht führt zu einer Vielzahl medizinischer, psychologischer und sozialer Probleme wie Kriminalität, körperlichen Verletzungen, ungeschütztem Sex und der Übertragung von AIDS und anderen sexuell übertragbaren Krankheiten, Autounfällen und Selbstmord, ganz zu schweigen von psychischer und/oder körperlicher Abhängigkeit. Die problematischen Substanzen umfassen etwa Straßendrogen wie Heroin, Methamphetamin, Kokain, LSD und eine Vielzahl anderer Substanzen sowie verschriebene Medikamente wie Opioide und Benzodiazepine.

Drei Millionen US-Bürger und 16 Millionen Menschen weltweit waren oder sind von einer Opioidkonsumstörung (OUD) betroffen. Mehr als 500.000 Menschen in den Vereinigten Staaten sind von Heroin abhängig. Die Diagnose OUD wird gestellt, wenn zwei oder mehr der elf Kriterien in einem Zeitraum von einem Jahr erfüllt sind.[57]

Die persönlichen, sozialen und finanziellen Kosten des Drogenmissbrauchs sind enorm. Einer Schätzung des US National Institute on Drug Abuse im Jahr 2020 zufolge, litten oder leiden etwa drei Millionen Menschen in den USA und 16 Millionen Menschen weltweit an einer Opioidkonsumstörung.[57] Zusätzlich waren mehr als 500.000 in den USA von Heroin abhängig. Die Centers for Disease Control and Prevention (CDC) haben ferner berichtet, dass Drogen-Überdosierungen in den USA in einem Zeitraum von 12 Monaten bis Mai 2020 zu über rund 81.000 Todesfällen geführt haben.[58]

Als Folge davon werden Milliarden von Dollar für die Gesundheitsversorgung und die Strafverfolgung ausgegeben und gehen an Produktivität verloren. Entsprechende Muster sind in Europa und weltweit beobachtet worden.

Einwanderer und Substanzmissbrauch

Wie wir im Verlauf dieses Buches feststellen, erleben Immigranten, vor allem Flüchtlinge, oft großen emotionalen Stress und körperliche Traumata. So ist es nicht verwunderlich, dass manche zu Substanzen greifen, um mit diesen Problemen fertig zu werden.[59] Dies kann sowohl die Substanzen umfassen, die sie aus ihrem Herkunftsland kennen, als auch solche, die sie in ihrer neuen Heimat kennenlernen. Es ist bemerkenswert, dass die einheimische Bevölkerung nicht notwendigerweise mit den Drogen vertraut ist, die in anderen Teilen der Welt beliebt sind (und missbraucht werden).

Khat oder *Qat* zu kauen, ist z.B. in Äthiopien und ganz Ostafrika gang und gäbe. Dieses Stimulans ist eine einheimische, blühende Pflanze, die Aufregung, Appetitlosigkeit und Euphorie verursachen kann. Die Weltgesundheitsorganisation (WHO) hat Khat als Missbrauchsdroge eingestuft, die zu psychischer Abhängigkeit führen kann. Während diese Substanz in westlichen Ländern im Allgemeinen illegal ist, ist sie in einigen

Ländern, in denen sie häufig in Gebrauch ist, legal (z. B. in Dschibuti, Kenia, Uganda, Äthiopien, Somalia und Jemen).[60]

In Syrien ist *Captagon* (Fenethyllin), ein synthetisches Stimulans, recht populär. Ein besonders beunruhigender Aspekt sowohl des *Khat*- als auch des *Captagon-Konsums* ist, dass einige Rebellengruppen dafür bekannt sind, diese Substanzen zu verwenden, um sich für den Kampf aufzustacheln.

Studien haben ergeben, dass die Zahl der Störungen aufgrund von Substanzmissbräuchen bei Einheimischen tendenziell am höchsten und bei Einwanderern der ersten Generation am niedrigsten ist. Immigranten der zweiten Generation tendieren zu höheren Raten an Substanzmissbrauch als ihre Pendants der ersten Generation.[61,62] Forscher haben dies als Teil des „Einwanderer-Paradoxons" gesehen, bei dem Neuankömmlinge gesünder sind, weil sie (noch) eher unter dem Schutz der kulturellen Normen stehen, mit denen sie in ihrem Herkunftsland aufgewachsen sind (siehe weitere Informationen zu diesem Phänomen in Kapitel 7).

Damit deuten Statistiken an, dass neu eingetroffene Einwanderer dazu neigen, Substanzmissbrauch zu vermeiden, während ihre Kinder eher dazu tendieren, substanzbezogene Probleme zu entwickeln, während sie sich an ihr neues Land anpassen. Dies setzt natürlich voraus, dass das neue Land als Ganzes größere Probleme mit Drogen hat.

Hindernisse für Dienstleistungen

Viele Menschen mit emotionalen und anderen psychischen Problemen zögern, sich behandeln zu lassen. Gründe dafür können soziale, kulturelle und religiöse Tabus sein, die Furcht, als „irre" abgestempelt zu werden, wirtschaftliche Einschränkungen, fehlende Informationen über verfügbare Dienste und schlechte

Erfahrungen mit Gesundheitsdienstleistern. Studien zeigen, dass Latinos/Latinas z. B. wegen begrenzter Einkommen und fehlenden Versicherungen vielerlei soziale und wirtschaftliche Hürden bei der Gesundheitsversorgung erfahren.[63] Die American Psychiatric Association (APA) stellt ferner fest, dass nur 1 von 20 Latinos/Latinas, die psychische Hilfe benötigen, diese auch beanspruchen. Dies ist zum Teil bedingt durch Stigmatisierung, Diskriminierung, mangelndes Wissen und für viele, aber nicht alle, zurückzuführen auf eine fehlende Versicherung.[64]

Es überrascht nicht, dass sich Zuwanderer laut unserer Untersuchungen Anbieter wünschen, die sie mit Höflichkeit und Respekt behandeln und die Dinge so erklären, dass sie sie verstehen können. Zu den Problemen, welche die Versorgung einschränken, gehören neben finanziellen Erwägungen auch die schlechte Behandlung seitens des medizinischen Personals und der Mitarbeiter an der Rezeption.[65]

Herausforderungen: Persönlichkeitsstile und -eigenschaften

Wie in jeder anderen definierten Gruppe gibt es auch bei Immigranten aus demselben Land eine große Vielfalt innerhalb der Gruppe. Wir können sie nicht alle über einen Kamm scheren und uns dann anmaßen, sie zu verstehen. Sie können einige gemeinsame Merkmale haben. Aber die Unterschiede von Individuum zu Individuum sind frappant. In den letzten zwei Kapiteln haben wir psychologische Prozesse angesprochen, die Menschen mit Migrationserfahrung gemeinsam haben. Die Art, wie Menschen diesen Prozess durchlaufen, umfasst psychosoziale Faktoren wie soziale Klasse, Ökonomie, Herkunftsort, Bildung und so weiter. Individuelle Unterschiede, z. B. den

Grad, gemäß dem wir entschieden haben, uns weiter an die Normen unserer eigenen Kultur halten zu wollen(oder nicht), können auch aus Unterschieden in der Herkunftsfamilie und individuellen Persönlichkeitsstilen resultieren.

Es genügt zu sagen, dass Anbieter von Gesundheits- und Sozialdiensten für eine effektive Zusammenarbeit mit Zuwanderern in der Lage sein müssen, Gemeinsamkeiten in deren Erfahrung zu erkennen, und zur selben Zeit wissen müssen, wie sie individuelle Unterschiede erfassen und respektieren können. Dies gilt ganz besonders unter Berücksichtigung individueller Persönlichkeitsstile und -typen. So gestatten einige Kulturen etwa eine größere Bandbreite an emotionalem Ausdruck in Manierismen, Lautstärke und dergleichen. Ob Blickkontakt stattfindet oder nicht, ist z. B. oft von Geschlecht und Alter innerhalb einer kulturellen Gruppe abhängig. Auch das, was als akzeptabel gilt, kann sich von Kultur zu Kultur erheblich unterscheiden.

Und daneben können auch noch permanente Persönlichkeitsstile Probleme auslösen, egal wer Sie sind oder woher Sie kommen. Dies führt uns zum Thema Persönlichkeitsstörungen. Konkrete Diagnosen in diesem Bereich setzen den Fokus auf langfristige antisoziale, narzisstische, paranoide, hysterische, zwanghafte und andere problembehaftete Charakterzüge. Bei diesen Störungen geht es um Probleme mit den langjährigen Verhaltensweisen einer Person im Umgang mit der Welt, nicht nur um Immigration.

Persönlichkeitsstil vs. Persönlichkeitsstörung in einem kulturellen Kontext

Bei forensischen Begutachtungen mit Zuwanderern, einschließlich psychologischer Tests, müssen wir besondere

Sorgfalt darauf legen, alle Persönlichkeitsstile anzusprechen, die je nach den besonderen Umständen Probleme für eine Person verursachen können. Zum Beispiel muss eine scheinbar „histrionische" (hysterische) Tendenzen anzeigende Persönlichkeit im kulturellen Kontext des Individuums verstanden werden. Was ist der kulturell akzeptable Bereich für emotionalen Ausdruck, an den die Person gewöhnt ist? Gibt es eine Norm, in der (in der Wahrnehmung eines Großteils der westlichen Gesellschaft) „laut" sein nicht als übermäßig dramatisch angesehen wird?

Zuwanderer sind oft das Ziel von Diskriminierungen, weil Stereotypen gegenüber einer bestimmten Gruppe auf den oft unverhältnismäßig öffentlich gemachten Verhaltensweisen von nur einigen wenigen beruhen. Diese können andauernde Konsequenzen für die gesamte Gruppe bedeuten und sowohl auf die Wahrnehmung der einheimischen Bevölkerung gegenüber den Immigranten als auch auf deren Ansichten in Bezug auf die einheimische Bevölkerung Wirkung entfalten.

Während wir dieses Buch schreiben, wird viel über institutionellen Rassismus in der US-amerikanischen Strafverfolgung debattiert. Manche argumentieren, dass „ein paar schlechte" Polizisten nicht die Strafverfolgung im Allgemeinen repräsentieren. Andere wiederum sagen, dass die Anzahl der von Polizeikräften begangenen Misshandlungen per se schon ein Beweis für ein systemisches Problem ist. Wir schätzen, beide Szenarien könnten stimmen. Alle Menschen haben ihre Vorurteile. Allerdings gibt es innerhalb bestimmter Einwanderergemeinschaften auch Menschen, deren Verhalten ein schlechtes Licht auf die gesamte Gruppe wirft.

Hier ist ein Beispiel zur Verdeutlichung. Während der Wanderung der „Karawane 2018-2019" durch Mexiko berichteten mir viele meiner in Tijuana lebenden Patienten von ihren Eindrücken und Reaktionen auf die Migranten. Einige meiner Patienten hatten Verständnis, andere dagegen nicht. Am meisten haben mich jedoch die Veränderungen in der Wahrnehmung fasziniert, die viele meiner Patienten im Verlauf der Zeit gegenüber den Menschen in der Karawane zeigten, und zwar unabhängig von ihrer ursprünglichen Meinung.

Mir war aufgefallen, dass zu Anfang viele Sympathie für die Migranten empfunden hatten. Die Stimmung wurde jedoch zunehmend schlechter, als die Probleme, die damit einhergehen, wenn Tausende von Menschen auf eine Gemeinde hereinbrechen, an die Oberfläche kamen. Während „der Plan" besagte, dass die Migranten der Karawane auf ihrem Weg in die Vereinigten Staaten „nur auf der Durchreise" durch Tijuana waren, führten politische Veränderungen bald zu einer anderen Realität. Die Migranten würden „auf lange Sicht" in Tijuana bleiben Meine Patienten betrachteten dieses Szenario als Problem. Große Menschenmengen ohne Ressourcen kamen in „ihre" Stadt Tijuana und würden ganz ohne Zweifel für die bereits überlasteten Sozialsysteme eine finanzielle Belastung darstellen. Viele meiner zunächst empathischen Patienten schätzten es gar nicht, dass „Fremde" nach Tijuana kamen. Im Laufe der Zeit jedoch waren einige beeindruckt, wie einfallsreich und innovativ viele der Migranten bei der Eingewöhnung in ihre neue Umgebung geworden waren. Plötzlich empfanden sie Respekt vor „diesen Leuten". Gerade heraus, ihre Wahrnehmung hat sich erneut verändert.

Doch über alle schwankenden Meinungen, Einstellungen und Reaktionen hinweg gab es etwas, worüber sich alle meine Patienten einig zu sein schienen. Sie hatten starke negative Reaktionen gegenüber einer bestimmten Migrantin, die harsche Kritik an dem Essen äußerte, das sie vor Ort erhielt. Sie war eine alleinerziehende Mutter aus Honduras, die in den sozialen Medien Berühmtheit erlangte, nachdem ein lokaler Fernsehsender sie interviewt hatte. In dem Interview beklagte sich die Dame, dass sie und ihre Familie in einer örtlichen Migrantenunterkunft mit Bohnen und Tortillas gefüttert wurden. Sie war empört über eine solche Behandlung und sagte in etwa, dass 'das Futter nicht gut genug sei, um es den Schweinen in ihrem Heimatland zu geben'. Viele Anwohner empfanden dies als schwere Beleidigung und bald ging das Interview viral.

Nur zu oft bewirken sich voneinander unterscheidende kulturelle Nuancen oder tatsächliche individuelle Persönlichkeitsprobleme den Eindruck, dass Zuwanderer sich „anspruchsberechtigt" und „nicht dankbar" fühlen, wenn Hilfe angeboten und geleistet wird. Dies schien in diesem Fall so zu sein, soweit ich es verstehen konnte. Der Geschichte zufolge schaffte es die Dame in die Vereinigten Staaten, nur um verhaftet und später abgeschoben zu werden, nachdem sie angeblich eine Körperverletzung begangen hatte. Man könnte sogar die Überlegung wagen, zumindest wie mir von meinen Patienten berichtet wurde, dass „die Wahrnehmung aller Einwanderer wegen eines einzigen faulen Apfels, der viral geht, beschädigt wurde..."

Hatte die besagte Dame eine Persönlichkeitsstörung? Das können wir nicht sagen, weil sie keine unserer Patientinnen ist. Aber ihre Haltung hat ihren Mitmigranten (und letztlich offenbar auch ihr selbst) nicht geholfen.

Zu berücksichtigende Fragen

- Hatten Sie schon einmal mit Angstzuständen oder Depressionen zu kämpfen?
- Mussten Sie ein Trauma ertragen? Wie sind Sie mit diesen Problemen umgegangen?
- Nehmen Sie oder haben Sie Substanzen zur Bewältigung eingenommen? Welche? Stellt dies ein Problem für Sie dar?
- Was hat Ihnen bei der Bewältigung geholfen?

Empfehlungen

Falls Sie sich in einer emotionalen Notlage befinden, zögern Sie nicht, professionelle Hilfe in Anspruch zu nehmen. Suchen Sie jemanden, der mit Ihrem Hintergrund vertraut ist. Religiöse Führer und andere Personen mit Ansehen in der Gemeinde kennen manchmal lokale Anbieter, die sie mögen und denen sie vertrauen.

5

GESUNDHEIT

Eine gute Gesundheit ist der Kernbestandteil für ein glückliches und erfolgreiches Leben. Einige Einwanderer haben es besonders schwer, wenn es darum geht, für ihre Gesundheit und ihr Wohlbefinden zu sorgen. Ihr körperlicher Zustand wird durch die Bedingungen des Landes, die Ernährung und die Standardpflegepraktiken in ihrem Herkunftsland beeinflusst. Außerdem stellt sich bei Immigranten, die mit wenig oder sogar gar keinen materiellen Mitteln ankommen, die Frage nach dem Zugang zur Gesundheitsversorgung und nach Informationen darüber, wie die Akkulturation die Bemühungen zur Prävention und Behandlung von Krankheiten beeinflussen kann. In diesem Kapitel werden einige der damit verbundenen Dynamiken ergründet. Dazu gehören traditionelle Heilpraktiken und die Auswirkungen von Ernährungsumstellungen in einem neuen Land. Unsere Diskussion ist nicht abschließend, sondern liefert grundlegende Beispiele, die hoffentlich das Interesse der Leser wecken, mehr zu erfahren. So wie in manchen anderen Kapiteln stellen wir dann eine individuelle, in diesem Fall eine Familiengeschichte vor, die einige der behandelten Punkte hervorhebt.

Bei all dem müssen wir den globalen Kontext rund um die Krankheit begreifen. Für Viren und Bakterien sind internationale Grenzen kein Thema. Daher müssen wir davon ausgehen, dass Epidemien künftig immer öfter zu Pandemien werden.

Dies erfordert ein nationenübergreifendes Verständnis der Krankheitsübertragung und die Koordination von Ressourcen zur Bekämpfung von Krankheiten. Hier sind einige Faktoren zu berücksichtigen:

Heimatland und Flüchtlingsumgebungen

Wie viele andere Belange sind auch Fragen der Gesundheit und des Wohlbefindens für viele, die aus ihrer Heimat vertrieben wurden, mit Herausforderungen verbunden. Syrische Flüchtlinge weisen beispielsweise besonders hohe Raten von Atemwegserkrankungen auf. Das liegt wahrscheinlich daran, dass sie bei militärischen Angriffen in der Heimat Chemikalien und Staub ausgesetzt waren.[66]

Außerdem verliert ein Land, das sich im Krieg mit sich selbst befindet, oft die nötige Infrastruktur zur Behandlung von Krankheiten. Zum Beispiel erhalten syrische Flüchtlingskinder und -jugendliche nicht unbedingt eine präventive Versorgung, wie z. B. Impfungen, was ihre Anfälligkeit für Krankheiten wie Masern und Polio erhöht. Die Gesundheitsprobleme werden durch Nahrungsmittelknappheit und damit einhergehende Unterernährung sowie den Mangel an sicheren Unterkünften noch zusätzlich verschärft. Dies wiederum macht sowohl Kinder als auch Erwachsene anfälliger für Krankheit und Tod.

Derlei Zustände sind nicht zwangsläufig auf mangelnde Fähigkeiten oder mangelndes Engagement der Gesundheitsdienstleister zurückzuführen. Sie sind nur Nebenprodukte des Krieges. Tatsächlich werden etliche dieser Verhältnisse geplant und beabsichtigt, um eine Bevölkerung zu demoralisieren und zu unterjochen. In Syrien haben einige Parteien z. B. gezielt Krankenhäuser ins Visier genommen und Ärzte getötet. Ein Bericht des Soufan Centers aus dem Jahr 2017 schätzt, dass zu diesem Zeitpunkt allein die syrischen Regierungstruppen fast 700 medizinische Mitarbeiter im ganzen Land getötet hatten.[47] Laut der Gruppe Physicians for Human Rights hatte sich die Rate solcher Tötungen bis 2020 verlangsamt.[67] Die Praxis als solche hat nicht gänzlich aufgehört.

Arztpraxen im Heimat- und Gastland

Das oben dargestellte Beispiel aus Syrien ist extrem. Aber sogar schon vergleichsweise geringfügige Unterschiede in der Gesundheitspraxis zwischen den Ländern können Verwirrung stiften. Wir wissen zum Beispiel, dass der Bacillus Calmette-Guérin (BCG)-Impfstoff, der außerhalb der USA üblicherweise zur Tuberkuloseprävention eingesetzt wird, eine falsch positive Reaktion auf einen TB-Hauttest hervorrufen kann.[68] Dies kann Verwirrung stiften und so zu zusätzlichen und unnötigen Diagnosen und Behandlungen führen.

Immigranten können auch andere medizinische Schwierigkeiten zu bewältigen haben. So können etwa Medikamente, einschließlich nicht verschreibungspflichtiger Medikamente und Heilmittel, die Menschen routinemäßig zu Hause einnehmen, in ihrem neuen Zuhause nicht verfügbar sein (oder nicht legal sein).

Auch wird Rohypnol (Flunitrazepam), ein besonders starkes Anti-Angst-Medikament aus der Familie der Benzodiazepine (wie Xanax und Valium), in Teilen Europas, Japans, Australiens, Südafrikas und Lateinamerikas eingesetzt. Aber in den USA ist es nicht für den medizinischen Gebrauch zugelassen und hat einen schlechten Ruf als Straßen- und „Date-Rape"-Droge.[69]

Diäten

Menschen aus Ländern, in denen sie sich von einfachen (Subsistenz-) Nahrungsmitteln ernährt haben, zeigen oft negative körperliche Reaktionen in Ländern, in denen Fast Food und andere stark verarbeitete Lebensmittel im Überfluss vorhanden sind. Die Theorie lautet, dass ihre Physiologie die Nahrung auf eine Weise nutzt, die es ihnen ermöglicht, in Zeiten, in denen Nahrung leichter zugänglich ist, mehr Fett zu speichern. So können die Menschen Zeiten, in denen die Nahrung knapp ist, besser überstehen. In modernen Gesellschaften steht Nahrung jedoch viel üppiger zur Verfügung, Hungersnöte sind selten, und die Menschen werden einfach immer größer. Dies wiederum setzt sie einem höheren Risiko für Typ-2-Diabetes, Herzkrankheiten und etliche andere chronische Erkrankungen aus.

Akkulturation und Gesundheit

Beeinflusst die Akkulturation die Gesundheit? Manche Forschungsresultate weisen darauf hin, dass in bestimmten Bereichen, wie etwa Substanzmissbrauch und Geburtsergebnisse, Akkulturation mit schlechter Einhaltung effektiver Gesundheitspraktiken verbunden ist. In anderen Bereichen, z. B. dem Zugang zur Gesundheitsversorgung, ist es wahrscheinlich, dass eine höhere Akkulturation zu positiveren Gesundheitsergebnissen führt.[70]

Unsere eigene Forschung hat einige der damit assoziierten Komplexitäten aufgezeigt. So haben wir etwa bei mexikanischen Amerikanern und der Tuberkuloseprävention die Zusammenhänge zwischen Akkulturation, Geschlecht, Gesundheitsüberzeugungen und der Absicht, Maßnahmen zur Umsetzung dieser Überzeugungen zu ergreifen, untersucht. Obwohl unser Fokus nur auf diesem einen Aspekt der Gesundheit lag, ist es wahrscheinlich, dass unsere Ergebnisse mit der Akkulturation und anderen Aspekten der Krankheitsprävention verglichen werden können.

Wir haben bei unserer Forschung das Health Belief Model (HBM) angewandt, welches die Überzeugungen der Menschen berücksichtigt, eine Krankheit sei ernst, dass eine Ansteckungsgefahr besteht, welche Barrieren ihrer Meinung nach für die Versorgung existieren und noch andere Faktoren.

Unsere Studie ergab, dass traditionelle Mexikanisch-Amerikaner Tuberkulose als eine ernstere Krankheit sahen und dass sie in größerer Gefahr waren, sich anzustecken, als Menschen, die mehr akkulturiert waren. Als solche brachten sie für Informationen zur Tuberkuloseprävention mehr Aufmerksamkeit auf als die stärker akkulturierten Zuwanderer. Diese Gruppe ging außerdem davon aus, wahrscheinlich auf mehr Barrieren für eine gute Versorgung zu stoßen.

In der Gesamtbetrachtung waren die Frauen tendenziell gesundheitsbewusster als die Männer. Akkulturierte Männer äußerten die geringste Besorgnis über Tuberkulose und handelten auch am seltensten entsprechend.[71]

Es ist bemerkenswert, dass einige theoretische Konstrukte ziemlich alt sind. Das HBM wurde z.B. ursprünglich in den 1950er Jahren entwickelt. Die Tatsache, dass sie auch heute noch in Gebrauch ist, spricht für ihren beständigen und anhaltenden Wert in Bezug auf das Verständnis der Reaktion von Menschen auf Krankheit.

Traditionen und Heilmittel

Kulturelle Traditionen bieten manchmal Schutzfaktoren für Einwanderergemeinschaften. Dazu gehören traditionelle Heilmittel, bestimmte Nahrungsmittel und spirituelle und/oder religiöse Praktiken. Allzu oft tut die westliche Medizin

solche Praktiken als rückständig, ungetestet und unausgereift
ab.

Das ist aber nicht immer der Fall. Nehmen Sie das Beispiel
den Genuss von „*Nopales*" (oder *Nopalitos*). Dies sind die Blätter
des Nopals (Feigenkaktus / Opuntia), ein gängiges Nahrungsmittel in der Latino/a-Kultur. Der Verzehr von *Nopales* gilt traditionell als unterstützend zur Regulierung des Blutzuckerspiegels und damit als gute Diabetes-Behandlung. Studien haben
bewiesen, dass an dieser Annahme tatsächlich etwas dran ist,
denn der Ballaststoffgehalt in diesem Lebensmittel hilft, den
Blutzuckerspiegel zu senken. Ähnliche Ergebnisse wurden für
Karela (Bittermelone) gefunden, die oft in asiatischen Kulturen
Verwendung findet.[72]

Das heißt jetzt nicht, dass alle traditionellen Heilmittel nützlich sind. Zum Beispiel ist der Gebrauch von Quecksilber in
einigen traditionellen Praktiken medizinisch gefährlich.[73]

Weitere gängige traditionelle Praktiken sind der *Curander-
ismo* in Mexiko sowie das Schröpfen und Prägen, das in Osta-
sien seit Jahrhunderten praktiziert wird. Angesichts des Mangels an eindeutigen forschungsbasierten Beweisen sind einige in
der westlichen Medizin skeptisch, was die Wirksamkeit dieser
Behandlungen angeht. Andere, wie die Akupunktur, wurden
weitgehend als hilfreich akzeptiert, weil einige wissenschaftli-
che Beweise ihre Wirksamkeit unterstützen (z. B. bei der Re-
duzierung chronischer Schmerzen).[74]

Insgesamt hat unsere berufliche Erfahrung gezeigt, dass Einwanderergemeinschaften oft wichtige Heiltraditionen mitbringen. Neben den mexikanischen Curanderos erkennen auch die
National Institutes of Health (NIH) die Bedeutung der Traditionellen Arabischen und Islamischen Medizin (TAIM) an. Auch
die indische *Ayurveda-Medizin* wird unter den ganzheitlichen

Heilpraktiken als wichtig anerkannt. Sie umfasst die Verwendung einheimischer Kräuter, traditioneller Diäten, Yoga-Übun-
gen, Massagen, Meditation und Amulette. In ähnlicher Weise
beinhaltet die Traditionelle Chinesische Medizin (TCM)
komplexe ganzheitliche Gesundheits- und Heilpraktiken, einschließlich der Verwendung von lokalen Kräutern, Massage,
Übungsakupunktur und gesunder, ausgewogener Ernährung.
Sicherlich können uns die meisten dieser traditionelleren Hei-
lungsformen lehren, dass die Praxis der westlichen Medizin,
körperliche, emotionale und spirituelle Heilung zu trennen,
von einer Neubewertung profitieren würde, die andere Hei-
lungsformen berücksichtigt und die Vorteile einer ganzheitlichen Behandlung näher betrachtet. Die westliche Tradition, die
größtenteils aus einer religiösen Geschichte abgeleitet wurde,
die den Körper vom Geist und der Seele trennte, errichtete eine
Abkopplung voneinander, die uns nicht besonders gut gedient
hat.

Ein Beispiel aus der Praxis

Mitunter begegnen westliche Anbieter traditionellen
Glaubensvorstellungen in ihrer Praxis. Hier ein Beispiel aus
unserer Praxis:

> Eine somalische Patientin wurde von ihrer Familie zu uns
> gebracht. Wie viele andere in ihrer Generation hatte sie
> während des Bürgerkriegs in ihrem Heimatland schwere
> PTBS und medizinische Verletzungen erlitten. Aus
> diesen Gründen hatte sie große Probleme damit, sich zu
> konzentrieren, was ihre Fähigkeit beeinträchtigte, neue
> Informationen zu lernen und zu behalten. Als Folge
> davon war sie nicht in der Lage, die Anforderungen
> für die US-Staatsbürgerschaft, die Tests hinsichtlich

der Englisch-sprachlichen Fähigkeiten und des Wissens über Geschichte und Staatsbürgerkunde, zu bestehen. Von diesen Anforderungen ist letzten Endes wegen ihrer geistigen Behinderung eine Ausnahme gewährt worden. Die Patientin war dankbar. Jetzt konnte sie einen US-Pass bekommen, damit problemlos in ihre alte Heimat reisen und dort einen traditionellen Heiler aufsuchen, der sie ihrer Meinung nach würde heilen können. Damit stellt sich die Frage: Hätte es uns verunsichern sollen, weil die westliche Behandlung nur ein Weg zur „echten" Heilung war, oder glücklich machen, weil wir ihr helfen konnten, dorthin zu gelangen, wo sie hin musste? (Wir haben uns für den letzteren Ansatz entschieden: „Hauptsache, es hilft".)

Manchmal können öffentliche Gesundheits- und Behandlungsansätze sehr kooperativ sein. So ist etwa der Einsatz von *„Promotoras"* eine Praxis der Verbindung mit lokalen Gemeindeleitern/ Verbindungspersonen und hat sich zu einem wichtigen Instrument zur Förderung der öffentlichen Gesundheit in Latino-Gemeinden entwickelt.[75] Es hat sich gezeigt, dass diese Praxis einen signifikanten Einfluss auf die gleichen Gemeinden hat und positive Ergebnisse erzielt. *Promotoras* werden außerdem oft als Community Health Workers (CHWs) bezeichnet. Sie waren ein unverzichtbarer Teil unserer Forschungsprojekte, zur Untersuchung der Bedürfnisse des Gesundheitswesens, nicht nur unter den Latinos, sondern auch bei anderen Gemeinschaften. Der Erfolg solcher Programme spricht für den allgemeinen Bedarf an kultureller Kompetenz in der Gesundheitsforschung und -versorgung, auf den in Kapitel 8 näher eingegangen wird.

Das Konzept des Heilers

Ein analytischer Zweig der Psychologie beschreibt Archetypen als universelle, uralte Veranlagungen, die sich im Laufe unserer kollektiven Menschheitsgeschichte entwickelt haben. Ein solcher Archetyp ist der des „Heilers". Laut der Schriftstellerin Susanna Barlow[76] „trägt jede Kultur, von den frühesten Stämmen der Urmenschen über die Zeitalter bis zur Neuzeit, ... den Archetyp des Heilers in sich." Der Mensch hat schon immer Krankheiten ertragen müssen. Und wir haben immer jemanden gebraucht, der uns bei der Heilung hilft. Manche Menschen scheinen in dieser Hinsicht eine natürliche Begabung zu haben. Im Folgenden lesen Sie die Geschichte eines Familienmitglieds, das eine solche Person war. Wir haben diese Geschichte hier aufgenommen, um an einem Beispiel darzustellen, wie einige der abstrakteren Konzepte, die wir besprochen haben, in das wirkliche Leben übertragen werden.

> **„Immigrant Healer" („Immigranten-Heiler"/ von Dolores I. Rodríguez-Reimann)**
>
> Im Leben von Herrn Felipe De Jesus Romo Valadez' ging es oftmals um die Heilung anderer. Felipe wurde am 1. Mai 1903 in La Cruz De Orozco, einer kleinen Stadt im mexikanischen Bundesstaat Jalisco, als Sohn von Herrn Modesto Romo und Frau M. Santos Valadez de Romo geboren. Er war eines der neunzehn Kinder seines Vaters.
>
> Felipe wuchs auf einer „*Hacienda*" (ein großes Landgut, häufig mit Landwirtschaft oder Viehzucht) in Julian Jalisco, Mexiko, auf. Der Lebensgeschichte zufolge bestand eine von Felipes Lieblingsaufgaben während seiner Jugend darin, sich um die Kühe des Anwesens

zu kümmern. Das bedeutete auch sie nachts bei Mond-
schein nach Hause zu bringen.

Modesto, der Vater von Felipe, hatte einen lokalen
Ruf als Heiler. Man glaubte, dass er eine Gabe besaß,
die Kranken der benachbarten *Haciendas*, *Pueblos* (kleine
Städte oder Dörfer) und Ranchos (spanisch für Bauern-
höfe) zu heilen. Zu seinen Arzneien gehörten Tees, Öle
und Gebete. Modesto, ein tief spiritueller Mann, unter-
richtete Felipe in diesen Heilmethoden.

Dann kam die mexikanische Revolution, die die
politische und kulturelle Landschaft des Landes
veränderte. Außerdem kostete sie viele Menschenleben.
Unter den Gefallenen waren Modesto und mehrere von
Felipes Brüdern, die für die Verteidigung der Hacienda
gekämpft hatten. Trotz dieser Opfer verloren sie das
Land und die übrige Familie suchte einen neuen Ort, an
dem sie neu anfangen konnte. Im Juni 1925 wanderte
Felipe in die USA aus, um sich ein neues Leben aufzubauen und die in Mexiko verbliebenen Familienmitglieder zu unterstützen.

Felipe und einige seiner Jugendfreunde migrier-
ten nach „*EL Norte*" aus (ein gebräuchlicher Begriff für
Menschen, die aus den südlichen Regionen Mexikos in
die Vereinigten Staaten reisen). Sie erreichten einen
US-Grenzübergang in Laredo, Texas, und bezahlten
die 8,00 Pesos, die damals für die Einreise in die USA
aufzubringen waren. Felipe und seinen Freunde hatten
eigentlich vorgehabt, nach Montana zu reisen. Aber als
sie in der kleinen Stadt Alton, Illinois, Halt machten,
fanden sie Arbeit in der Owens Glass Factory und
blieben.

Ursprünglich hatte Felipe hatte gedacht, er würde innerhalb eines Jahres nach Mexiko zurückkehren. Aber nach drei Jahren in Alton heiratete er Leona Simpkins, die Tochter von Charles Simpkins und Delia M (Ives) Powell. Leona war von deutscher, Cherokee- und französisch-kanadischer Abstammung. Das Paar gründete eine Familie und hatte sechs Söhne und vier Töchter. Wie zur damaligen Zeit üblich, lernten diese Kinder kein Spanisch und wurden überwiegend nach amerikanischen Kultur-Gepflogenheiten erzogen. Trotzdem ist ihnen eine stolze mexikanische Identität erhalten geblieben.

Während einige von Felipes Freunden nach Mexiko heimkehrten, blieb er in den USA. Dies war eine häufige Erfahrung unter mexikanischen Einwanderern. Sie betrachteten ihre Reise in die USA zunächst als eine vorübergehende Situation, aber dann blieben sie. Einige taten dies, weil sie ein neues Leben fanden. Einige fühlten sich verpflichtet, Familienmitglieder in der Heimat zu unterstützen. Doch das Leben als Immigrant in den späten 1920er bis 1930er Jahren war weder einfach noch sicher. Felipe wurde immer noch als „Ausländer" behandelt, lebte in einer überwiegend von Schwarzen und Mexikanern bewohnten Gemeinde, „Dog Town", und hat zum Schutz nachweislich zuweilen eine Handfeuerwaffe bei sich getragen.

Im Laufe der Zeit hat sich Felipe in der mexikanischen Gemeinde von Alton zu einer Respektsperson entwickelt. Grundlegend dafür war nicht nur seine Großzügigkeit, sondern auch seine familiäre Gabe des Heilens, die er von seinem Vater geerbt hatte. Felipes

Fähigkeiten umfassten die Begabung, den Menschen zuzuhören, wenn sie erzählten, „was sie plagte", seine Anwendung von traditionellen Kräutern, Tees und Hausmitteln sowie seine Gebete. Währenddessen erwarb er sich den Ruf, Menschen zu trösten. Felipes Ruf half ihm auch, Unstimmigkeiten in der Gemeinde zu schlichten. Die Menschen suchten seinen gemäßigten und bedachten Rat.

Felipe besuchte sein geliebtes Mexiko erst wieder nach 40 Jahren. Zu diesem Zeitpunkt hatte er seine Kinder großgezogen, von denen mehrere ihren Dienst in den US-Streitkräften leisteten und sowohl im Zweiten Weltkrieg als auch in Korea und Vietnam im Einsatz waren. Er wurde ein Großvater für viele Enkel und Urenkel. Darunter waren auch diejenigen, die in der Strafverfolgung und im Gesundheitswesen gearbeitet haben und weiterhin arbeiten. Auch ich gehöre dazu - Dolores Rodríguez-Reimann - die ich von der Geschichte meines Großvaters Felipe inspiriert wurde und werde.

Mit der Zeit erkrankte Felipe und seine Familie zog mit ihm nach Texas. Die Monate, die mein Großvater Felipe in unserem Haus verbracht hat, sind meine schönsten Erinnerungen an ihn. Er verstarb 1983, während er bei uns lebte, in der Nähe von Mexiko. Er erlitt zwei schwere Herzinfarkte.

Die Geschichte meines Großvaters Felipe enthält viele Aspekte einer allgemein verbreiteten Immigrantenerfahrung. Er arbeitete hart, baute sich ein Leben in den USA auf und diente seiner Gemeinde. Ein Teil dieses Dienstes umfasst traditionelle Heilfähigkeiten, die ihm von seinem Vater weitergegeben worden waren. Einige seiner Kinder und Enkelkinder dienten der breiteren Gesellschaft durch das Militär in Kriegszeiten, durch die Strafverfolgung und auf viele andere Arten. Mir hat Felipe eine Leidenschaft für das Heilen weitergegeben. Das ist ein Teil seines Vermächtnisses.

Zu berücksichtigende Fragen

Gibt es in Ihrer Familie oder Gemeinde Personen, die als Ansprechpartner bekannt sind, wenn es Ihnen nicht gut geht (abgesehen von Ärzten oder Krankenschwestern)?

Empfehlungen

Es gibt viele Bücher über traditionelles Heilen. Wenn auch eventuell nicht alles sinnvoll erscheint, kann es Spaß machen, zu erforschen, wie andere Kulturen Seuchen und Krankheit angesehen haben. Einiges davon könnte sich auch in Ihre Vorstellungen einfügen.

6

KARRIERE, WIRTSCHAFT
UND BILDUNG

S ich an die Arbeitsumgebung und -bedingungen in einem neuen Land anzupassen, kann schwierig sein. Es bedeutet Herausforderungen auf vielen Ebenen für Arbeitgeber, Bewerber und Arbeitnehmer. Letzten Endes aber leisten Zuwanderer einen erheblichen Beitrag zur Erwerbsbevölkerung, sogar in hochqualifizierten Berufen. Sie helfen also, die Wirtschaft vieler Länder anzutreiben und zu erweitern.

Dieses Kapitel beschreibt die grundlegenden wirtschaftlichen Auswirkungen von Immigranten, sowohl in Bezug auf die von ihnen benötigten Dienstleistungen als auch auf die von ihnen geleisteten Beiträge. Wir konzentrieren uns dabei auf die EU und die USA, weil diese Gebiete Hauptziele für diverse Migrantengruppen waren. Außerdem untersuchen wir die Barrieren, mit denen sich Immigranten beim Zugang zum Arbeitsmarkt des Gastgeberlandes konfrontiert sehen. Das Kapitel präsentiert ferner ein Beispiel dafür, inwieweit kulturelle Einstellungen gegenüber Arbeit fehlinterpretiert werden können, und zwar zum Nachteil der Zuwanderer als auch der gesamten Gesellschaft. Im Anschluss stellen wir eine Vignette der „Reimann-Story" vor. Es handelt sich dabei um einen realistischen Familienbericht, der die berufliche Anpassung und den Erfolg in einem neuen Land veranschaulicht. Zum Abschluss des

Kapitels wird eine Liste an Fragen aufgestellt, die Sie sich stellen sollten, und Empfehlungen, die Sie hilfreich finden mögen.

Die wirtschaftlichen Auswirkungen der Migration

Die wirtschaftlichen Auswirkungen der Einwanderung beinhalten eine komplizierte Mischung von Informationen. Einerseits haben etliche Immigranten (vor allem Vertriebene aus weniger entwickelten Ländern) Bedarf an einigen, zuweilen, intensiven sozialen Dienstleistungen, um sich einzuleben. Das kostet Geld. Zugleich können erfolgreich an ihr neues Land angepasste Immigranten einen signifikanten wirtschaftlichen Beitrag zur breiteren Gesellschaft und zu ihrem eigenen Gefühl von Sicherheit und Glück leisten. Im selben Maße steigt die Wahrscheinlichkeit, dass Zuwanderer, die sich nicht erfolgreich anpassen, in einer Unterschicht stranden - frustriert, entrechtet und desillusioniert. Kurz gesagt: Ein Gastland, das den politischen Willen trägt, im Vorfeld überlegte Investitionen in die Arbeitsübergänge von Zuwanderern zu tätigen, wird langfristig aller Voraussicht nach größere Gewinne erzielen.

Sehen Sie hier einige relevante Statistiken. Der Fokus liegt hier auf der EU und den USA, da diese Länder, wie bereits erwähnt, zu den wichtigsten (wenn auch bei weitem nicht den einzigen) Einwanderungszielen gehören. Sie dienen somit als gute Beispiele.

Die europäischen Union

Im Zusammenhang mit den wirtschaftlichen Kosten, die mit der Aufnahme von Zuwanderern verbunden sind, legen viele Länder ihr Hauptaugenmerk auf die Flüchtlinge. Dabei handelt es sich wahrscheinlich um die bedeutsamste Bevölkerungsgruppe, da sie die größten wirtschaftlichen Investitionen nach sich zieht. In einem technischen Bericht der Europäischen Kommission wurden bei der Überprüfung solcher Fragen die verfügbaren Beweise bewertet.[77] Es wurde festgestellt, dass zu wenig empirische Beweise in die politischen Debatten einfließen. Letztendlich kam sie jedoch zu dem Schluss, dass die sozialen, wirtschaftlichen und fiskalischen Vorteile, die gut integrierte Immigranten mit sich bringen, die übergangsweise benötigten Integrationskosten überwiegen.

Ganz konkret untersuchte der Bericht der Europäischen Kommission die Wirkungen von Flüchtlingen und die prognostizierten Auswirkungen auf das Bruttoinlandsprodukt (BIP) der EU. Diese Berechnung stellt den Geldwert aller fertigen Waren und Dienstleistungen während eines bestimmten Zeitraums dar. Die Studie berücksichtigte verschiedene Umstände, die im Zeitraum von 2016 bis 2040 auftreten könnten. Während die spezifischen Szenarien variierten, belegten alle, dass die Zuwanderung für einen beachtlichen Anstieg des BIP der EU verantwortlich ist und auch in Zukunft sein wird. Dies würde auch dann gelten, wenn 1) die staatlichen und gesellschaftlichen Vorlaufkosten der Zuwanderung berücksichtigt werden und 2) die Zuwanderergruppe im Fokus steht, die wahrscheinlich die meiste Starthilfe benötigt. Im Ergebnis folgerten sie daraus, dass Einwanderung ein Nettogewinn für die Wirtschaft der EU ist.

Die Vereinigten Staaten

Langzeit-Studien über die US-Beschäftigungstrends belegen, dass Männer mit Migrationshintergrund unter den Neuankömmlingen tendenziell geringere Chancen haben, Arbeit zu finden, als ihre einheimischen Pendants. Nach einer Anpassungsphase jedoch scheinen sie sogar häufiger erwerbstätig zu sein als die entsprechende gebürtige Bevölkerung.

Anfangs liegen die Beschäftigungen der Männer eher am unteren Ende des Berufsspektrums, d.h. sie sind in Berufen tätig, die weniger Ausbildung erfordern und weniger Geld verdienen. Diese Lücke schließt sich im Laufe der Zeit mehr und mehr.

Weibliche Arbeitskräfte mit Migrationshintergrund haben niedrigere Erstbeschäftigungsquoten als ihre männlichen Pendants. Doch auch ihre Chancen, einen Job zu bekommen, steigen mit der Zeit. Hinsichtlich ihrer Löhne sind sie anfangs mit ihren männlichen Kollegen fast gleichgestellt. Dann aber erleben Frauen einen relativ langsamen Anstieg ihrer Gehälter. Ein Spiegelbild der geschlechtsspezifischen Lohnungleichheit in der breiteren Bevölkerung.

Für einen Gesamteindruck der Kosten, die damit verbunden sind, dienen die folgenden Zahlen: Laut Statistik des Nationalen Einwanderungsforums[78] aus dem Jahr 2014 verdienten Einwanderer in den Vereinigten Staaten schon damals 1,3 Billionen Dollar an jährlichen Löhnen. Dies entsprach 14,2 % sämtlicher in den USA erzielten Einkommen. Sehr viel von diesem Geld fließt zurück in die US-Wirtschaft. Damit wird zur Nachfrage nach Gütern, Dienstleistungen und mehr Arbeitsplätzen beigetragen.

Auch sind in den USA die im Ausland geborenen Personen tendenziell stärker auf dem Arbeitsmarkt vertreten als andere Gruppen. Mit einem Anteil von nur 24,1 % an der Gesamtbevölkerung des Bezirks haben sie laut der Statistiken für 2016 28,8 % der Bevölkerung im erwerbsfähigen Alter, 28,4 % der erwerbstätigen Arbeitskräfte und 30,5 % der Beschäftigten in naturwissenschaftlichen, technischen, ingenieurwissenschaftlichen oder mathematischen Berufen (MINT) ausgemacht. Dieser Trend stieg in der letzten Zeit sogar noch weiter an. So ist zwischen 2011 und 2016 die Zahl der Immigranten im erwerbsfähigen Alter um 7,7 % angestiegen, die Zahl der erwerbstätigen Zuwanderer wuchs auf 16,3 %, und die Zahl der im Ausland geborenen MINT-Fachkräfte stieg um 31,5 %.

Schauen wir uns eine lokale Auswirkung genauer an

In den USA macht es zuweilen Sinn, sich bestimmte geografische Orte anzusehen, um Auswirkungen der Einwanderung auf Gemeindeebene zu erfassen. In einigen Ballungsräumen etwa leben Immigranten, die in Schlüsselindustrien einen besonders großen Anteil am Gesamtarbeitsmarkt ausmachen. Umfasst sind u.a. Landwirtschaft, allgemeine Dienstleistungen, Fertigung, Transport, Lagerhaltung und das Baugewerbe.

Wir nehmen San Diego County (Kalifornien) als Beispiel. Zuwanderer haben dort im Jahr 2016 zum Gesamt-BIP 54,3 Milliarden Dollar beigetragen. Dies entsprach 25,2 % aller Beiträge zum BIP. Diese Zahlen verdeutlichen, dass Einwanderer signifikante Beiträge zu den staatlichen, kommunalen und bundesstaatlichen Steuern leisteten (7,5 Mrd. USD an Bundes- und 2,1 Mrd. USD an staatlichen und kommunalen Steuern; ein Beitrag von 2,4 Mrd. USD zur Sozialversicherung und 650,7 Mio. USD zu Medicare).[79]

Manche mögen denken, die Einwanderung insgesamt stelle eine Belastung für die US-Wirtschaft dar, unter anderem, weil einige Einwanderer keinen legalen Status haben. Schätzungsweise haben solche Einwandererhaushalte im Jahr 2016 2,6 Milliarden Dollar verdient. Von dieser Summe gelangten 503,8 Mio. $ an Bundessteuern und 109 Mio. $ an staatliche und kommunale Steuern, so dass die Einwanderer selbst über eine Kaufkraft von 2,0 Mrd. $ verfügen.[80]

Einen weiteren bemerkenswerten wirtschaftlichen Aspekt bietet der Bildungsmarkt. Im Herbst 2015 waren beispielsweise 6.965 Studenten an den Colleges und Universitäten von San Diego als temporäre Bewohner eingeschrieben. Im akademischen Jahr 2016/2017 unterstützten sie dann 8.916 lokale Arbeitsplätze und gaben 637,6 Millionen Dollar aus.[80]

Einheimische Zuwanderer spielen außerdem eine Rolle, wenn es um den Wohnreichtum geht. 2016 besaßen 43,9 % der Zuwanderer in San Diego County ein Eigenheim. Die anderen 54,1 % zahlten Miete. Über fünfundfünfzig Prozent (55,3 %) lebten in Häusern. Weitere 41,1 % lebten in Wohnungen. Der Gesamteigentumswert der Einwandererhaushalte betrug 79,1 Mrd. $, und ihre gesamten jährlichen Mietbeiträge wurden auf 2,7 Mrd. $ geschätzt.[80]

Darüber hinaus spielt das Unternehmertum eine wesentliche Rolle bei den Beiträgen der Zuwanderer. Während sie beispielsweise 24,1 % der Gesamtbevölkerung San Diegos ausmachen, stellten Zuwanderer im Jahr 2016 32,7 % der Unternehmer. Es gab 22,7 % mehr im Ausland geborene als in den USA geborene Unternehmer. Diese im Ausland geborenen Personen haben für San Diego County 1,4 Milliarden Dollar an Geschäftseinkommen generiert. 2012 trugen Unternehmen in Latino/a-Besitz 11,1 Milliarden Dollar zum Umsatz bei und hatten 44.950 bezahlte Mitarbeiter. Unternehmen in asiatisch-amerikanischem Besitz haben einen Umsatz von 10,4 Milliarden Dollar erwirtschaftet und 65.010 Personen beschäftigt.

Die Aufgaben, die Einwanderer übernehmen, helfen den Unternehmen auch, einige Arbeitsplätze vor Ort zu halten. Schätzungsweise haben die in San Diego County lebenden Zuwanderer im Jahr 2016 dazu beigetragen, 36.770 lokale Arbeitsplätze zu schaffen oder zu erhalten, die andernfalls anderswo entstanden wären. Während die exakten Zahlen im Laufe der Zeit Veränderungen unterliegen, veranschaulichen die oben genannten Beispiele Themenstränge, die in unser aller Interesse sind und unsere Unterstützung und Pflege verdienen.

Wie entstehen solche Zahlen? Wir glauben, dass Immigranten eine enthusiastische und zünftige Gruppe sind. Wie in diesem Buch betont, braucht es eine ganze Menge, seine sieben Sachen zu packen und den Ort zu verlassen, den man kennt, den Ort, den man sein Zuhause genannt hat. Manche Menschen bleibt keine andere Wahl. Dort zu bleiben könnte Armut, Gewalt oder sogar den Tod bedeuten. Andere verspüren das Gefühl, dass sie mehr aus ihrem Leben machen können, als ihr Geburtsland ihnen ermöglichen konnte. In einigen Fällen erlaubt Einwanderung den führenden Köpfen auf einem bestimmten Gebiet, an einem Ort zu kooperieren und Entdeckungen zu machen, von denen die gesamte Menschheit profitiert. Unsere Botschaft in den Gesprächen mit den Immigranten lautet: Was auch immer Ihre Umstände sind, geben Sie nicht auf. Sie haben bereits Ihre Stärke bewiesen. Seit es Menschen gibt, war Migration eine Form des Fortschritts. Nutzen Sie diese Stärke, um weiter zu kommen, nicht nur für sich selbst, sondern auch für die Zukunft Ihrer Familie.

All dies verdeutlicht, dass Zuwanderer keine Belastung für die Ressourcen des Gastlandes sind, sondern einen wesentlichen Beitrag zu vielen Arbeitsmärkten und zur wirtschaftlichen Gesundheit der Gesellschaft insgesamt in ihrer Wahlheimat leisten.

Erfolgsbarrieren

Trotz der oben beschriebenen positiven Zahlen bleiben Schwierigkeiten zu bewältigen. So kamen beispielsweise die

National Academies of Sciences, Engineering, and Medicine
basierend auf Zahlen aus dem Jahr 2017 zu dem Schluss,
dass im Ausland geborene Arbeitskräfte in hochrangi-
gen Berufsgruppen, die sehr viel mehr Bildung erfordern
(z. B. Wissenschaftler, Ingenieure und Architekten), über-
repräsentiert sind.[81] Anders ausgedrückt, sie bilden einen
höheren Prozentsatz der Arbeitnehmer in diesen Bereichen
als die einheimische Bevölkerung. Zugleich allerdings sind
im Ausland geborene Arbeitnehmer in anderen Fach- und
Führungspositionen unterrepräsentiert.

Das US Bureau of Labor Statistics hat bekannt gegeben, im
Ausland geborene Personen hätten im Jahr 2016 im Durch-
schnitt nur 83,1 % des Einkommens ihrer einheimischen Kollegen verdient.[82] Werden Sie von einem Unternehmen aufgrund
Ihrer beruflichen Fähigkeiten eingestellt oder haben Sie Geld
zu investieren, ist dies in der Regel kein Problem. Ihnen können
durchaus bedeutende Möglichkeiten erwachsen.

Höchste formale Klasse oder Schuljahr

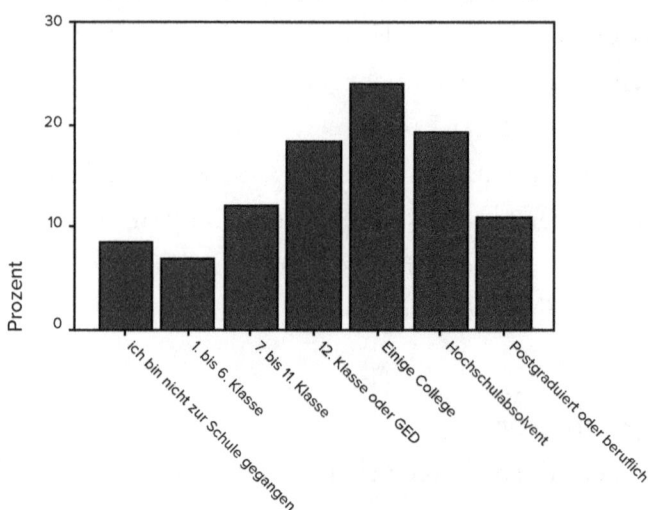

Monatliches Einkommen

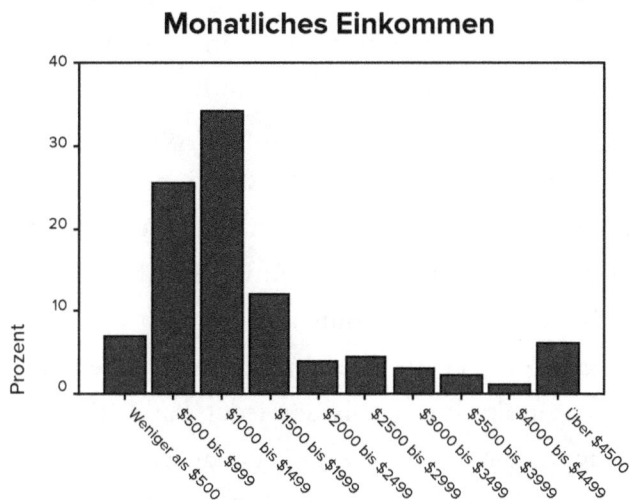

Diese Option steht Einwanderern allerdings nicht immer offen, selbst wenn sie eine umfassende Ausbildung haben. In einem unserer San Diego-Projekte mit Personen nahöstlicher und ostafrikanischer Herkunft (Projekt *Salaam*), haben wir zum Beispiel festgestellt, dass die meisten Personen einen High-School-Abschluss oder sogar höheren Bildungsgrad hatten. Tatsächlich war die Gruppe am unteren Ende des wirtschaftlichen Spektrums angesiedelt (die meisten verdienten keine $2.000 im Monat). Die Balkendiagramme aus dem Projekt, die diese Realität widerspiegeln, sehen Sie auf der linken Seite.

Die Hindernissen umfassten den Umstand, dass die Gastländer dazu neigen, ausländische Zeugnisse nicht durchgehend zu akzeptieren. Dies gilt ganz speziell für Berufe im Gesundheitswesen.

Wir haben z. B. eine Freundin, die ihren medizinischen Abschluss im Ausland gemacht hat. Dabei handelte es sich nicht um einen Doktortitel, der an irgendeiner nur geringfügig akkreditierten Medizinschule im Ausland erworben wurde. Vielmehr hat sie ihn von einer allgemein angesehenen Institution verliehen bekommen. Unsere Freundin war (und ist) ziemlich kompetent, da sie bereits mehrere verantwortungsvolle Positionen in anderen Teilen der Welt innehatte. Weil ihre Qualifikationen in den USA aber nicht anerkannt wurden, musste sie hier einen zweiten medizinischen Abschluss machen, um ihren Beruf ausüben zu können.

Nicht jeder ist gewillt oder in der Lage, einen so großen Rückschritt zu akzeptieren. Nicht jeder kann die millionenschwere Investition leisten, die nötig ist, um sich in neue Länder einzukaufen. Wir haben hochgebildete und fähige Menschen, die in niedrigen Berufen arbeiten. Diese Art von Erfahrung bringt Veränderungen im sozioökonomischen und sozialen Status mit sich, die für Betroffene ziemlich erschütternd sein können.

Soziale und politische Erwägungen

Und noch etwas sollten Zuwanderer berücksichtigen, auch wenn sie als Firmenangestellter oder für hochrangige Positionen umziehen, nämlich das rechtliche, soziale und politische Klima in ihrem neuen Land. 2019 haben wir an einer internationalen Konferenz einer Vereinigung von Einwanderungsanwälten aus vielen Orten der Welt teilgenommen. Ein Gremium von Rechtsexperten befasste sich mit dem Grad der Wahrnehmung von LGBTQ+ Menschen in verschiedenen Ländern. Die Antworten der Expertengremiums reichten von 1) wir kennen die Umstände, um die es geht, und haben Gesetze, die die Bürgerrechte schützen; über 2) in unserem Land kennen wir die Probleme, um die es geht, aber wir müssen mehr tun in Bezug auf Gesetze, die die Menschenrechte schützen, bis hin zu 3) der

Antwort eines Anwalts (paraphrasierend): gleichgeschlechtliche Beziehungen sind in meinem Land ein Verbrechen.

Diese Verhältnisse sind nur ein Beispiel für eine umfassendere Frage nach dem sozialen und politischen Klima in Ländern, in die Menschen migrieren. Sind die Menschen im Allgemeinen aufgeschlossen gegenüber Ihrem Lebensstil und den von Ihnen vertretenen Werten? Gibt es gesetzlichen Schutz für die Menschenrechte? Wenn ja, werden diese Gesetze auch durchgesetzt? Wieviel Geltung haben diese Faktoren im Vergleich zu den Realitäten in Ihrem Herkunftsland? Die Antworten können einen ganz erheblichen Einfluss auf Ihr soziales wie auch auf Ihr Arbeitsleben und Ihr Wohlbefinden haben.

Berufs- und Karrierewahl in verschiedenen Kulturkreisen

Weitere Fragen lauten: Wie entscheiden Menschen aus anderen Kulturen, welche Karriere sie einschlagen? Werden diese Ansätze den üblichen Erwartungen der Arbeitgeber in ihrem neuen Land entsprechen ?

Eine unserer Studien hat solche Fragen untersucht.[83] Sie erforschte Faktoren, die die Karriereentscheidungen junger erwachsener Mexikaner-Amerikaner beeinflussen. Die demografischen Daten damals zeigten, dass diese Gruppe mehr Schwierigkeiten beim Zugang zum Arbeitsmarkt hatte als die breitere Bevölkerung. Die Forschung wies darüber hinaus darauf hin, dass dieser Trend zum Teil auf Fehlvorstellungen der Arbeitgeber zurückzuführen ist. So nahmen ganz besonders ein paar Arbeitgeber mexikanisch-amerikanische junge Erwachsene als nicht zielgerichtet in Bezug auf berufliche Ziele, Bestrebungen und Wege wahr. Diese ihrer Meinung nach mangelnde Fokussierung wurde als eine Art beruflicher Unreife (begrenztes Engagement für einen bestimmten Beruf) und damit als Nachteil interpretiert. Literatur zur Entwicklung des beruflichen Werdegangs verwendet pathologisch und kritisch klingende Begriffe wie „Zeteophobie" (eine vermeintliche Angst vor Karriereentscheidungen) und „Karrierepromiskuität", um Menschen zu beschreiben, die keine ganz konkrete Karriere anstreben.[84] Es wurde sogar vermutet, begrenzte Karriereziele würden bedeuten, eine Person fokussiere mehr auf die Familie und wäre daher weniger ehrgeizig.

Unsere Untersuchung ergab jedoch, dass junge erwachsene Mexikanisch-Amerikaner, die bereit waren, eine größere Bandbreite an Karriereoptionen zu akzeptieren, besonders den Zusammenhalt der Gemeinschaft und eine starke Arbeitsmoral schätzten. Was als Mangel an beruflicher Zielklarheit galt, war eine Art Flexibilität, die zum Teil aus dem Wunsch entstand, die Bedürfnisse anderer Menschen zu berücksichtigen und zu respektieren. Statt unentschlossen und unfokussiert zu sein, wollten sich diejenigen Mexikanisch-Amerikaner, die berufliche Flexibilität äußerten, den Anforderungen eines Unternehmens anpassen. In ihren Augen bedeutete diese Flexibilität die Bereitschaft, für den Erfolg große Anstrengungen in Kauf zu nehmen. Vor diesem Hintergrund hatte das Streben nach einem straff definierten Karriereziel in Verbindung mit Eigeninteresse und einem nach innen gerichtetem Fokus keine große Bedeutung. Ferner belegten unsere Resultate keine entsprechende Abnahme der Arbeitsmoral, und zwar weder bei Männern noch bei Frauen mit stark familiärem Fokus. Nach Ansicht der meisten Mexikanern-Amerikanern schadete ihrem beruflichen Fortkommen viel eher das Gefühl, diskriminiert zu werden, als die Einbindung in die Familie.

Man sollte annehmen, der sozioökonomische Status einer Person habe einen Einfluss auf solche Ergebnisse. Mit anderen

Worten: Eine mittellose Person ist eher bereit, in Bezug auf eine Beschäftigung „alles zu nehmen". Möglicherweise trifft dies unter bestimmten Umständen zu. Ein derartiger Trend war in unserer Studie jedoch nicht erkennbar.

Zusammenfassend betont diese Studie, dass der Fokus auf die Familie durchaus eine Bedeutung bei den Arbeitsplatzentscheidungen von Mexikanern spielt, ihre Bereitschaft sich am Arbeitsplatz voll einzubringen von diesem Fokus aber nicht eingeschränkt wird. Im Gegenteil scheint es den Wert der Mitarbeiter noch zu erhöhen.

Von den meisten Arbeitgebern ist leider in Bezug auf ihre Personalauswahlprozesse keine Anpassung an diese Art von Realität erfolgt. Berufs- und Karriereexperten sehen z.B. „vermittelbare Fähigkeiten und „bereichsübergreifende Ausbildung" seit Jahren als wichtigen Fokus an. Mit diesem Begriff wird ausgedrückt, dass Arbeitsfähigkeiten, die in und für eine Art von Beruf erworben wurden, auch in einer anderen Art von Beruf nützlich sein können. Wir müssen also nur herausfinden, welche Fähigkeiten zu welchen Berufen passen. Allerdings ist es schwierig, solche Überlegungen in einer Stellenausschreibung zu finden.

Zugleich wird es immer wichtiger, den Einfluss der Kultur auf die Berufswahl zu berücksichtigen. Sofern Arbeitgeber und Karriereentwickler dies unterlassen, reduzieren sie 1) die Anzahl guter Mitarbeiter, die sie einstellen, und 2) passen sie sich nicht an die Trends in der Belegschaft an, die nicht mehr in ein „ein Leben/eine Karriere"-Modell passt und sich stattdessen in eine beweglichere und flexiblere Realität bewegt.

Bernhard Erwin Ferdinand Reimann, Dr. rer. nat.

Ein Beispiel aus dem wirklichen Leben unserer Familie verdeutlicht einige der oben angesprochenen Umstände. 1960 ist mein Vater, Dr. Bernhard Reimann, von einem Forschungsinstitut in San Diego angeworben, um das erste Elektronenmikroskop dieser Einrichtung aufzubauen. Er war ausgebildeter Biologe und ein Experte der zweiten Generation im Umgang mit solch fortschrittlichen Instrumenten. In diesem Fall wurde das Mikroskop von der deutschen Firma Siemens hergestellt. Mein Vater war in Berlin ausgebildet worden, damals ein Entwicklungszentrum für diese Technologie.

Der ursprüngliche Auftrag war für ein Jahr. Aber zu der Zeit hatte jemand, der das europäische akademische System verlassen hatte, große Schwierigkeiten, wieder hineinzukommen. Es gab auch Forschungsstipendien in den USA, und wer wollte nicht hier verbleiben? Wie die meisten Einwanderer stieß mein Vater auf Herausforderungen. Dazu gehörte das Erlernen der englischen Sprache und das Leben in einer ungewohnten Umgebung. Hinzu kommt, dass 1960 das Ende des Zweiten Weltkriegs nur noch 15 Jahre entfernt war. Noch immer war es populär zu glauben, alle Deutschen seien automatisch „Nazis" gewesen (und seien es noch immer) Trotz ihrer Unwahrheit machte diese Wahrnehmung jedwede berufliche und soziale Interaktion oft unnötig unangenehm und stressig.

Nachdem mein Vater Fuß gefasst hatte, folgte der Rest der Familie. Seitdem sind wir immer hier gewesen. Schlussendlich arbeitete mein Vater während seiner langen Karriere als Zivilist für eine medizinische

Einrichtung des Department of the Army. Er war dort einer der ersten, der ein Elektronenmikroskop als Diagnosewerkzeug für Krebs und andere Krankheiten verwendete, was eine bessere medizinische Versorgung von Militärangehörigen und ihren Familien ermöglichte. Gegen Ende seiner Zeit im Zivildienst erhielt mein Vater die Army Commander's Award for Civilian Service Medal. Diese Auszeichnung wird an Mitarbeiter der US Army verliehen, die sich nachhaltig durch hervorragende Leistungen ausgezeichnet haben. Mein Vater brachte sich außerdem mit über 70 Beiträgen zur wissenschaftlichen Literatur ein, von denen die meisten in Fachzeitschriften mit Peer-Review erschienen. Während seines Ruhestands schrieb er drei Bücher, die größtenteils auf seinen Erfahrungen als Kind, Jugendlicher und junger Erwachsener in Deutschland basieren. Auch im Ruhestand war er weiterhin aktiv und auf andere Weise produktiv tätig. Er lebte in einem kleinen Dorf in New Mexico und half dort, ein 911-Notrufsystem zu entwickeln. Er entwickelte auch ein umweltfreundliches Wasserreinigungssystem, was an einem Ort, an dem Wasser eine knappe Ressource ist, wichtig war.

Diese Geschichte veranschaulicht mehrere Punkte. Sicherlich gab es Schwierigkeiten zu bewältigen, obwohl die Migration unserer Familie einfacher verlaufen ist als die vieler anderer. Aber seine Geschichte spiegelt die Vorteile wider, die Migration mit sich bringen kann, sowohl für die Person, die in ein neues Land kommt, als auch für dieses Land selbst. Wir hatten wohl ein besseres Leben, als wir es sonst gehabt hätten. Aber mein Vater brachte auch Fachwissen mit, das zu dieser Zeit in den

USA fehlte. Dieses Wissen setzte er dann zum Nutzen der Wissenschaft und Medizin ein, indem er an der Spitze der neuen medizinischen Diagnostik arbeitete. Seine Verdienste um seine Wahlheimat endeten nicht mit der Pensionierung. Er nutzte sein Fachwissen, um der Gemeinde, in der er lebte, zu helfen.

Fragen

Sollten Sie ein Zuwanderer sein, der in seinem neuen Land eine Beschäftigung sucht, oder jemand, der Zuwanderer dabei unterstützt, kann es sinnvoll sein, einen Plan zur Beschäftigungsfähigkeit zu entwickeln. Häufige Fragen in einem solchen Plan lauten:

- Welche Arbeit führe ich gerne aus?
- Über welche Fähigkeiten und Erfahrungen verfüge ich?
- Welche Schulbildung benötige ich für eine Anstellung?
- Wie kann ich potenziellen Arbeitgebern zeigen, dass ich gut in einem Job wäre?

Bewertung

Die meisten Menschen würden gerne in einem Job arbeiten, der ihnen Freude bereitet und der zu ihrer Persönlichkeit passt. Intellektuelles, mentales und sogar spirituelles Engagement bei der Arbeit ist ein motivierender Faktor für den Erfolg. Erfüllende Arbeit führt zu weniger Fehlzeiten aufgrund von Stress und Krankheit und das Gefühl, dass der Gehaltsscheck nicht alles ist, was zählt. Verschiedene Systeme bieten Unterstützung bei der Identifikation allgemeiner Bereiche, in denen Menschen gerne arbeiten würden, sowie der damit verbundenen spezifischen Tätigkeiten. Interesseninventare identifizieren systematisch Berufe, die ein bestimmtes Merkmal gemeinsam haben. Arbeit mit Maschinen könnte beispielsweise für viele Berufe im Bereich der Technik und Mechanik stehen. Künstlerische Interessen betreffen viele Bereiche, u.a. Musik, Malerei und Kino. Inventare, die die Verbindung zwischen dem, was Sie mögen, und verschiedenen spezifischen Berufen herstellen, umfassen das Strong Interest Inventory (eines der bekanntesten Maße), der O*NET Interest Profiler, der CareerZone Interest Profiler und die Student Interest Survey for Career Clusters. Einige stehen online zur Verfügung (z. B. das MnCareers Interest Assessment). Für Menschen mit Leseschwierigkeiten gibt es das Pictorial Interest Inventory und den Picture Interest Career Survey. Einige dieser Inventare sind kostenlos.

Einige dieser Maßstäbe sind in mehreren Sprachen verfügbar, etwa in Deutsch, Arabisch und Spanisch (z. B. das Personal Globe Inventory, das Career Interest Inventory).[85]

Ressourcen

Nehmen wir an, Sie haben eine allgemeine Kategorie von Berufen gefunden, die zu Ihren Interessen und Ihrer Persönlichkeit passt. Nun möchten Sie mehr über unterschiedliche Berufe herausfinden, die unter Ihre Kategorie fallen. Eine wahrscheinlich zu selten genutzte Quelle, um sich über Berufe in den USA zu informieren, ist das Occupational Outlook Handbook des Department of Labor. Es gibt Ihnen jede Menge Informationen über Bildungs- und andere Anforderungen, die erfüllt werden müssen, um einen Beruf zu ergreifen, was genau die Menschen in diesem Beruf tun, die durchschnittliche Vergütung an verschiedenen Punkten der Karriere einer Person für diesen Beruf und in welchem Ausmaß es einen Bedarf für einen Beruf in der Zukunft gibt.

Das Handbuch ist online unter https://www.bls.gov/ooh/ zu finden

Quellen in anderen Nationen verfolgen ebenfalls Daten zu
den Berufsaussichten. Diese Quellen umfassen u.a. den Job
Market Monitor in Großbritannien, das Deutsche Zentrum für
Ausbildungsförderung und die Organisation für wirtschaftli-
che Zusammenarbeit und Entwicklung (OECD) (Daten für 37
Länder).

7

RESILIENZ & EMOTIONALE INTELLIGENZ

W ie in diesem Buch dargelegt, stehen Einwanderer einer ganzen Anzahl stressiger Situationen gegenüber, wenn sie sich in ein neues Land aufmachen und sich dann in diesem Land niederlassen. Die verfügbaren Daten zeigen, dass es vielen von ihnen damit besser ergeht als ihre Altersgenossen, die zu Hause bleiben. Paradoxerweise gilt das bessere Abschneiden auch im Vergleich mit ihren Nachkommen der zweiten Generation.[61,86] Andere schlagen sich nicht so gut.

Dies wirft Fragen auf: Welche Eigenschaften erlauben es manchen Menschen, sich besser anpassen zu können als andere? Warum erleiden manche Menschen, die traumatischen Umständen ausgesetzt waren, schwere und langanhaltende emotionale Reaktionen, während andere nicht davon belastet sind? Antworten auf derlei Fragen zu finden, kann uns helfen, Wege zu finden, den Erfolg zu fördern. Dieses Kapitel untersucht solche Fragen, indem individuelle Eigenschaften und kulturelle Faktoren diskutiert werden.

Psychologische Resilienz ist als die mentale und emotionale Fähigkeit definiert worden, mit einer Krise umzugehen. Sogar nach einer ersten negativen Reaktion hilft uns Resilienz, uns schneller von traumatischen Ereignissen zu erholen. Resilienz ist die Fähigkeit, sich vor den negativen Auswirkungen von

Stress zu schützen. Kurz gesagt, resiliente Menschen sind eher fähig, in einer Krise Ruhe zu bewahren und effektiv zu handeln, um ihr zu begegnen. Es überrascht nicht, dass Zuwanderer mit höherem Resilienzniveau gegenüber traumakausalen Belastungen über eine höhere Immunität verfügen.[87]

Wie hier beschrieben, können Immigranten in ihrer Wahlheimat einer ganzen Menge Herausforderungen und Stressoren gegenüberstehen. Dazu gehört Diskriminierung basierend auf negativen Stereotypen und falschen Vorstellungen der Gesellschaft.[88,89]

Eine Detailanalyse der tatsächlichen Fakten hinsichtlich Immigration entlarvt solche Stereotypen. Nichtsdestoweniger halten sich solche Mythen hartnäckig. Die psychologische Stärke zu besitzen, negative Wahrnehmungen zu kontern und trotz Neinsagern durchzuhalten, ist entscheidend für emotionales Wohlbefinden und Erfolg.

Studien belegen, dass ein gewisses Festhalten an den kulturellen Überzeugungen des Heimatlandes die Menschen vor Problemen schützen kann. So wird etwa in der Literatur ein „Latino-Paradox" oder „Hispanic-Paradox" beschrieben. Einfach gesagt, geht dieses Phänomen auf Forschungsergebnisse ein, gemäß derer Latinos der ersten Generation dazu neigen, gesundheitlich ungefähr gleichwertig gut (oder zuweilen besser) abzuschneiden als ihre „Anglo"-Gegenstücke.[90] Dies gilt als paradox, da Latinos der ersten Generation tendenziell ein geringeres Durchschnittseinkommen und Bildungsniveau haben, Faktoren, die auf der ganzen Welt mit einem generell schlechteren Gesundheitszustand und höheren Sterblichkeitsraten verbunden sind. Während solche Befunde zunächst mit körperlicher Gesundheit assoziiert worden sind (z. B. Adipositas und

Diabetes), haben weitergehende Studien entsprechende Trends beim psychischen Wohlbefinden beobachtet.

Scheint dieses Szenario insbesondere auf die erste Generation von Zuwanderern zuzutreffen, lässt es in den Folgegenerationen doch nach. Beispielsweise erfahren Latinos der zweiten Generation ein gesteigertes Risiko für Depressionen, Angstzustände, Suizidgedanken, Verhaltensstörungen, Essstörungen und Substanzmissbrauch als ihre Altersgenossen der ersten Generation.[61,63] Ähnliche Muster wurden für Populationen eruiert, die aus Asien und der Karibik eingewandert sind.

Dass dieses Phänomen existiert, wurde von einigen Leuten wegen Limitierungen in der Forschung (z. B. statistischen Verzerrungen), die zur Identifizierung dieses Phänomens verwendet wurde, bezweifelt.[91] Unabhängig davon ergaben Beobachtungen in vielen Fällen, dass solche Kritiken nur begrenzt Bedeutung haben.

Worin liegt dieses Phänomen begründet? Teilweise kann es daran liegen, dass Menschen, die bereit sind, eine Migration zu unternehmen (und diese überleben), tendenziell gesünder und psychologisch robuster und ausdauernder sind als diejenigen, die zu Hause bleiben. Migranten der ersten Generation halten sich außerdem vielleicht eher an traditionelle Glaubenssätze, die ihnen vertraut und daher beruhigend sind, an kulturelle Ermahnungen gegen Substanzmissbrauch sowie an Ernährungsgewohnheiten, an die ihr Körper am meisten gewöhnt ist. Noch dazu kann es starke Traditionen rund um familiäre Solidarität und Verbindungen geben, die ein starkes Unterstützungssystem schaffen.

Folgegenerationen sind dann eher geneigt, riskantere Praktiken wie Drogenmissbrauch und Ernährungsumstellungen (z. B. „überdimensionierte" Mahlzeiten in einer Fast-Food-Kultur) anzunehmen. Hinzu kommt, dass sie sich eventuell ihres Status als Minderheit, der daraus resultierenden Vorurteile und der gesellschaftlichen Barrieren, die ihren Erfolg potenziell einschränken, stärker bewusst sind und dadurch gestresst werden. Der Optimismus als Triebfeder der Zuwanderung der ersten Generation wird also wahrscheinlich bei den Zuwanderern der zweiten Generation erodieren. Kurz gesagt, das Festhalten an einigen Familientraditionen und traditionellen Ernährungsweisen (wenn auch nicht die Fast-Food-Version davon) kann sowohl physisch als auch psychisch gesund sein.[90]

Ein weiteres Konzept, das es zu berücksichtigen gilt, um zu lernen, wer sich besser anpasst, wird als „emotionale Intelligenz" bezeichnet Es handelt sich dabei um die Fähigkeit, sich der eigenen Emotionen bewusst zu sein, sie zu kontrollieren und sie effektiv auszudrücken. Eine solche Fähigkeit erhöht unsere Chance, in der Lage zu sein, mit zwischenmenschlichen Beziehungen überlegt und mit Empathie umzugehen. Emotionale Intelligenz wird häufig mit fünf grundlegenden Komponenten assoziiert: Selbstwahrnehmung, Selbstregulation, interne Motivation, Empathie und soziale Fähigkeiten.[92]

Grundsätzlich ist Selbsterkenntnis die Fähigkeit, die eigenen Emotionen, Stärken, Schwächen, Antriebe, Werte und Ziele zu begreifen. Und müssen wir dann erkennen, wie sich unsere Äußerungen in diesen Bereichen auf andere Menschen auswirken. Unter Selbstregulation versteht man, wie gut wir negative, störende Emotionen und Impulse kontrollieren. Wir müssen auch berücksichtigen, wie gut wir uns an veränderte Umstände anpassen (sicherlich ein wesentlicher Faktor für Einwanderer). Soziale Fähigkeiten umfassen unsere Fähigkeit, mit anderen auszukommen. Empathie zeigt, wie gut wir die Gefühle anderer Menschen berücksichtigen, wenn wir Entscheidungen treffen. In diesem Kontext steht „Motivation" für unser Bewusstsein hinsichtlich dessen, was andere Menschen antreibt.

Falls wir in der Lage sind, diese Faktoren zu erfassen, auszugleichen und anzuwenden, sind wir wahrscheinlich selbstbewusster, effektiver im Umgang mit anderen und weniger gestresst. Zudem birgt dies alles das Potenzial, Ihnen zu helfen, andere zu führen.

Wie wird man emotional intelligent? Ein Komplettkurs zu diesem Thema würde den Rahmen dieses Buches sprengen. Aber, kurz und knapp, es verlangt nach einer ehrlichen Einschätzung, wie Sie die Dinge jetzt tun und ob diese aktuellen Methoden funktionieren. Falls sie nicht funktionieren, sollten Sie Ihre Gewohnheiten und Methoden ändern. Für den Fall, dass Sie negative Reaktionen von anderen bekommen, versuchen Sie, sich in deren Lage zu versetzen, damit Sie Empathie für sie finden und sich mit ihnen identifizieren können. Werden Sie sich außerdem bewusst, wie Sie auf Widrigkeiten reagieren. Löst es ein Problem, wenn Sie sich darüber aufregen? Wie wir uns verhalten, entscheiden wir selbst. Es gibt allerdings Umstände, die eindeutig außerhalb unserer Kontrolle liegen (z. B. die Handlungen anderer Menschen). Übernehmen Sie die Verantwortung für Ihr eigenes Handeln. Sofern nötig, entschuldigen Sie sich und korrigieren Sie Fehler. Es ist eine wichtige Erkenntnis, dass Ihnen Resilienz nicht über genetische Veranlagung gegeben ist. Es geht um Eigenschaften und Fähigkeiten, die mit Sorgfalt und Übung erworben werden können.

Wie stellt sich Resilienz im echten Leben dar? Hier ein Beispiel aus unserer klinischen Praxis: Ein Ehemann kam mit seiner Ehefrau in unsere Praxis. Sie hatten acht Kinder. Beide erwachsenen Eltern waren somalische

Flüchtlinge und hatten keinerlei formale Bildung. Die Ehefrau war durch PTBS schwer beeinträchtigt. Der Ehemann, die Aussicht auf ein besseres Leben in den USA nie aufgebend, arbeitete hart in einfachen Jobs, um über die Runden zu kommen. Das hatte per se schon eine Menge Respekt verdient. Aber die wohl erstaunlichste Leistung der Familie war, dass letztendlich alle acht ihrer Kinder entweder eine Top-25-Universität besuchten oder (die jüngeren Kinder betreffend) in fortgeschrittenen High-School-Programmen eingeschrieben waren. Innerhalb einer Generation war die Familie von buchstäblich null formaler Schulbildung zu einem Bildungserfolg auf höchstem Niveau gelangt.

Unterschiedliche Wege, wie die Familienmitglieder ihr Leben betrachteten und es anpackten, sind für diesen Erfolg verantwortlich. Die Mutter war schwerbehindert. Aber der Vater und die Kinder waren psychisch robust. Vor allem der Vater hatte die Fähigkeit, schwierige Lebensumstände auf konstruktive Weise zu erfassen. Ein Beispiel verdeutlicht diesen Aspekt: Nachdem Erhalt der US-Staatsbürgerschaft reiste der Vater nach Kenia und traf sich mit einem Bruder, den er seit vielen Jahren nicht mehr gesehen hatte. Sie besprachen ausführlich ihr Leben und die Liebe, die sie für ihre Familie empfanden. Der Bruder starb schon in der nächsten Nacht. Obwohl ihn dieses plötzliche und unerwartete Ereignis traurig machte, drückte der Vater seine Dankbarkeit für die Chance aus, den Bruder ein letztes Mal getroffen zu haben. Für ihn war das Schicksal, ein Geschenk Gottes. Er fand also einen Weg, die Situation positiv zu betrachten.

Die Familienmitglieder verließen sich auch auf ihre eigenen Fähigkeiten, um in den USA erfolgreich zu sein. Während sie bei Bedarf Hilfe akzeptierten, gingen sie nicht davon aus, dass die breitere US-Gesellschaft sie auf unbestimmte Zeit versorgen würde. Stattdessen nutzten sie ihre eigene Beharrlichkeit, Kreativität, Anpassungsfähigkeit und harte Arbeit, um erfolgreich zu sein.

Fragen, die Sie sich selbst stellen sollten

Hier sind einige Stellungnahmen, über die Sie nachdenken können, wenn Sie über Resilienz und emotionale Intelligenz nachdenken. Treffen diese Aussagen auf Sie zu oder nicht?

- Ich kann mich auf meine Familie und Freunde verlassen.
- Ich weiß, dass ich im Leben erfolgreich sein werde, auch wenn es schwierig ist.
- Ich suche Rat oder Hilfe bei anderen, wenn ich sie brauche.
- Ich entschuldige mich, wenn es angebracht ist.
- Ich spreche, wenn ich angesprochen werde und neige dazu, zu lächeln, wenn andere mich anlächeln.
- Ich kann Meinungsverschiedenheiten, Kritik oder Beschwerden äußern, ohne andere zu verärgern.
- Man kann sich darauf verlassen, dass ich tue, was ich verspreche zu tun.
- Ich mache positive Aussagen über mich und zeige positive Konzepte.
- Ich komme mit anderen in Gruppeninteraktionen zurecht.
- Ich nehme konstruktive Kritik an, ohne wütend zu werden. Ich weiß, wie ich Ärger mit der Polizei oder anderen Behörden vermeiden kann.

- Ich kann ein realistisches Verständnis über Möglichkeiten zur Bewältigung von Situationen verbalisieren.
- Ich beschäftige mich aktiv mit problemlösendem Verhalten.
- Ich ergänze und ermutige andere.
- Ich helfe anderen auch ohne Rücksicht auf persönlichen Gewinn.
- Ich gebe meine eigenen Meinungen und Vorlieben bekannt. Ich nehme an gesellschaftlichen Veranstaltungen teil und engagiere mich bei Gruppenfunktionen und Aktivitäten.
- Ich beschäftige mich aktiv mit problemlösendem Verhalten in Bezug auf persönliche, familiäre oder soziale Probleme.
- Ich schätze meine eigenen Fähigkeiten und Leistungen realistisch ein.Ich setze mir realistische Ziele.
- Ich glaube, ich bin in vielen Dingen gut.

8

KULTURELLE KOMPETENZ

Kulturelle Kompetenz ist die Fähigkeit, die sozialen und kulturellen Brillen zu verstehen, durch die hindurch Zuwanderer ihr tägliches Leben auffassen und handeln. Diese Kompetenz unterstützt Länder und Gemeinden bei der Arbeit mit Immigranten.

Kulturelle Kompetenz ist ein so komplexes und breites Thema, dass es wirklich ein eigenes Buch verdient. Es ist für diverse Bereiche relevant, wie etwa Themen rund um Vielfalt und Aufnahme in Firmen, Behörden, anderen Organisationen, im internationalen Geschäft und Handel, in der juristischen Entscheidungsfindung, im globalen Gesundheitswesen und unter allen Umständen, in denen Menschen mit verschiedenen nationalen und kulturellen Hintergründen interagieren. Mit diesem Kapitel liefern wir einen fundamentalen Überblick über das Thema und noch einige relevante Beispiele aus unserer eigenen Erfahrung. Diese Beispiele umfassen auf strukturpolitische Verbesserungen abzielende Forschungsbemühungen, z. B. wie man Gesundheitsdienstleister am besten lizenziert und Dienstleistungen auf Gemeindeebene verbessern kann. Ferner stellen wir an einem Fallbeispiel vor, wie sich Kultur im klinischen Umfeld auswirken kann. Wir hoffen, dass unsere Kommentare Ihr Interesse wecken, diesen wichtigen Bereich weiter zu erforschen.

Das US Office of Minority Health definiert kulturelle Kompetenz als *„die Fähigkeit, als Individuum und als Organisation im*

*Kontext kultureller Überzeugungen, Verhaltensweisen und Bedürf-
nisse, die von Verbrauchern und ihren Gemeinschaften präsentiert
werden, effektiv zu funktionieren".*[93] Wir möchten ergänzen, dass
kulturelle Kompetenz eine Fähigkeit ist, die erlernt werden
muss. Als solche wird sie nicht automatisch durch Ihre ras-
sische, ethnische, kulturelle, nationale oder sonstige Grup-
penzugehörigkeit gewährt oder verweigert. „Kompetent" zu
sein bedeutet ferner nicht, dass man ein Experte ist (oder für
eine spezifische kulturelle Gruppe spricht). Es bedeutet le-
diglich, dass Sie über ausreichend Bewusstsein und Fähigkeiten
verfügen, um einigermaßen effektiv zu sein. Es ist ein Schritt in
einer Entwicklung, deren Beginn durch die Unkenntnis anderer
Kulturen gekennzeichnet ist und zur Fähigkeit heranwächst,
Menschen aus anderen Kulturen zu verstehen und mit ihnen zu
arbeiten.

Kulturelle Kompetenz beruht im Wesentlichen auf drei Dimensionen: 1) kulturelles Wissen über eine spezifische Gruppe,
2) Bewusstsein für die Einstellungen und Überzeugungen, die
Sie gegenüber Menschen haben, die aus einer Ihnen fremden
anderen Kultur stammen, und 3) Fähigkeiten in der Anwendung von kulturell angemessenem Beziehungsaufbau, Beurteilungen und Interventionen. Für helfende Berufe bedeutet das
die Beachtung und Förderung kulturell wirksamer Behandlung-
spraktiken und den Zugang zu vielerlei Dienstleistungen (z.B.
qualifizierte Dolmetscher oder Rechtsexperten).[88]

Gemäß der Missionsgrundsätze der American Psychological
Association (APA) sollte kulturelle Kompetenz ein inhärentes
Prinzip sein, welches sämtlichen von Psychologen erbrachten
Dienstleistungen zugrunde liegt. Diese Prämisse gilt teils für
Personen aus kulturell und/oder sprachlich verschiedenen

ethnischen und rassischen Gruppen und bezieht ganz besonders Einwanderer ein.[88]

Was also impliziert kulturelle Kompetenz? Viele Menschen aus kulturell und sprachlich unterschiedlichen Gruppen haben mit Anbietern von Gesundheits- und Sozialdienstleistungen schlechte Erfahrungen gemacht. Derartige Reaktionen beruhten auf negativen Begegnungen, die von grundsätzlicher Unsensibilität bis hin zu schweren Menschenrechtsverletzungen reichten.[94] Dies hat zu Misstrauen gegenüber medizinischen Ratschlägen wie der Einnahme des COVID-19-Impfstoffs geführt.[95] Darüber hinaus schränken kulturelle Tabus die Bereitschaft mancher Menschen ein, sich an Untersuchungen und Behandlungen zu beteiligen. Um das zu ändern ist es entscheidend, Beziehungen und Respekt aufzubauen.

Es mag unlogisch erscheinen, aber der Weg zu kultureller Kompetenz beginnt mit Selbsterkenntnis, nicht mit dem Kontakt zu Menschen aus anderen Gruppen. Allzu oft pflegen wohlmeinende Menschen Vorurteile und vorgefasste Meinungen über diejenigen, die anders sind, selbst wenn diese Vorurteile unbeabsichtigt sind und zu unserer eigenen Sichtweise im Widerspruch stehen. Jedoch ist das kein unüberwindbares Problem. Sofern Sie die Realität akzeptieren, dass wir alle Vorurteile haben, ist Ihnen der erste und wohl entscheidendste Schritt hinzu kultureller Kompetenz gelungen.[88]

Eine von uns vor einiger Zeit veröffentlichte Studie unter Ärzten veranschaulicht diesen Punkt. Die dadurch gewonnenen elementaren Informationen sind auch heute noch von Bedeutung. Unsere Ergebnisse belegten, dass der bloße Kontakt mit ethnischen Gruppen in der klinischen Praxis an und für sich keine kulturell kompetente Pflege ermöglicht. Vielmehr wurde eine solche Pflege am unmittelbarsten durch 1) unsere

Fähigkeit bedingt, zu erkennen, dass kulturelle Faktoren ein wichtiger Aspekt der Gesundheitsversorgung sind, und 2) das Bewusstsein, dass persönliche Vorurteile gegenüber kulturellen Gruppen uns daran hindern können, die effektivsten professionellen Dienstleistungen zu erbringen.[96]

Zu akzeptieren, dass jeder von uns Vorurteile hat, egal wie unbeabsichtigt, fällt schwer. Eine häufige Reaktion ist möglicherweise: „*...ich nicht, ich mache so etwas nicht...*" Ohne ein Anerkenntnis unserer eigenen Vorurteile, können jedoch unsere Anstrengungen dahingehend, verschiedene Gemeinschaften zu verstehen, zu einer Übung in dem werden, was wir in unserem Training für kulturelle Kompetenz manchmal als *„das Betrachten einer Kulturen-Parade"* bezeichnet haben. Anders gesagt: Wir erleben die traditionellen Speisen, die Musik, die Kleidung und die Bräuche einer bestimmten Gruppe von außen und beurteilen sie dann über unseren eigenen Hintergrund. Im Gegensatz dazu hilft uns die Einsicht unserer eigenen Voreingenommenheit dabei, diese Neigung außer Kraft zu setzen und uns zu bemühen, die Bräuche einer Gemeinschaft von ihrem eigenen Standpunkt aus zu verstehen.[97]

Es ist wichtig zu beachten, dass kulturelle Kompetenz uns nicht abverlangt, automatisch alle Verhaltensweisen zu akzeptieren, die Menschen als traditionell bezeichnen. Grundlegende soziale Gerechtigkeit ist ein wichtiger Aspekt. Simpler ausgedrückt: Keinerlei kulturelle, religiöse oder sonstige Ansprüche entschuldigen Gewalt gegen oder Unterwerfung von anderen. Sofern wir uns jedoch unserer eigenen potenziellen Voreingenommenheit bewusst sind, hilft es uns, das Funktionale vom Dysfunktionalen zu trennen, sowohl in unserer eigenen als auch in anderen Kulturen.

Nachdem wir einige Grundlagen betrachtet haben, können wir nun einige prinzipielle Überlegungen im Rahmen der kulturellen Kompetenz diskutieren. Hier nur ein paar Aspekte, über die wir nachdenken mussten:

Sprache & Dolmetscherdienste: Wer bietet diese Dienste an? Setzen wir professionelle Dolmetscher oder Familienmitglieder ein? Kennen die professionellen Dolmetscher die regionalen Dialekte der Menschen, mit denen wir arbeiten? Manchmal sind erwachsene Verwandte die beste Option. Aber Kinder oder Jugendliche in der Rolle des Dolmetschers einzusetzen, ist nie eine gute Idee. Solche Überlegungen sind wichtig im Gesundheitswesen, bei Rechtsfällen mit Einwanderern, bei staatlichen Dienstleistungen und in vielen anderen Bereichen.

Diätetische Praktiken: Haben Menschen mit der Akkulturation Ernährungsumstellungen erfahren, die zu gesundheitlichen Problemen geführt haben oder führen können (z. B. Fettleibigkeit, Typ-2-Diabetes?)

Wie Probleme beschrieben werden: In manchen Fällen werden psychische Symptome in körperlichen Begriffen beschrieben, da sie so wahrgenommen werden und sozial akzeptabler sind. (Lieber krank als verrückt.)

Beachten Sie die Körpersprache: Beispielsweise variieren die Praktiken in Bezug auf Augenkontakt und Händeschütteln je nach kulturellen und religiösen Praktiken.

Familiendynamik und soziale Rituale: Die Familienrollen können sich mit der Einwanderung und Akkulturation verändern, je nachdem, wer das meiste Geld verdient oder wer die neue Sprache am schnellsten beherrscht. Oft ist es dann Sache der Kinder in der Familie, um den Erwachsenen zu helfen, die Einheimischen zu verstehen. Dies bringt allerdings Probleme mit sich bei Gesprächen im Gesundheitswesen, bei sozialen

Diensten, in der Wirtschaft, im Rechtswesen und in anderen Bereichen, in denen es um Informationen geht, die nicht mit Kindern geteilt werden sollten.

Sozioökonomischer Status: Ähnlich wie die Familiendynamik kann sich auch der sozioökonomische Status mit der Migration verändern. Plötzlich fährt der Arzt oder Anwalt aus der Heimat im neuen Land Taxi. Auch wenn es nur vorübergehend ist, können solch „verkehrte Rollen" eine gewisse Anpassung erfordern.

Geschlecht: Ein Arzt oder ein anderer Anbieter, der dem Geschlecht des Patienten entspricht, kann überaus wichtig sein, vor allem bei körperlichen Untersuchungen. Dies ist von der jeweiligen Kultur oft unabhängig, kann aber gegebenenfalls mit besonderen religiösen oder gesellschaftlichen Tabus in Verbindung stehen. Wichtig ist außerdem, dass Anbieter, die Experten für Fragen im Kontext mit der Geschlechtsidentität sind, in entsprechend gelagerten Fällen einbezogen werden. Darüber hinaus ist es wichtig zu wissen, wer in verschiedenen Kulturen als Fürsprecher für die Gesundheitsfürsorge fungiert (z. B. wer Ehepartner und Kinder dazu anregt, sich behandeln zu lassen).

Informieren Sie die Leute über Dienste: Wie informieren Anbieter die Menschen über verfügbare Dienste? Welche Methoden funktionieren am besten, wenn wir versuchen, eine Gemeinschaft durch Öffentlichkeitsarbeit und Bildung zu informieren? Es ist wichtig, den Menschen mitzuteilen, dass die Dienste in der Regel vertraulich sind, und sie über die rechtlichen Grenzen dieser Vertraulichkeit zu informieren. Natürlich ist es wichtig, Mitarbeiter zu haben, die die Sprache der Gemeinde sprechen.

Welche Diagnose- und Behandlungsmethoden gibt es? Für Fachkräfte im Gesundheitswesen und speziell auf dem Gebiet der psychischen Gesundheit ist es wichtig, dass Sie wissen, dass die von Ihnen angewandten Bewertungstests für Menschen mit unterschiedlichem kulturellem Hintergrund gültig sind. Dazu gehört auch, die richtige Sprache zu verwenden. Dazu müssen wir aber auch wissen, wie verschiedene Kulturen Gesundheit und Krankheit verstehen.

Was passiert in Fällen, in denen keine kulturelle Kompetenz praktiziert wurde? Hier sind nur zwei reale Beispiele, die uns bekannt sind:

1. Einer unserer Patienten beantragte wegen einer psychischen Störung Sozialleistungen. Die Unterstützung wurde abgelehnt, weil sie sich zu einem Treffen, bei dem die Förderfähigkeit festgestellt wurde, bunte Kleidung trug. Es war davon ausgegangen worden, dass depressive Menschen langweilige Kleidung trügen, die ihre gedrückte Stimmung widerspiegele. Die Dame war somalischer Herkunft, wo farbenfrohe Kleider die Norm sind. Außerdem war sie von Verwandten für diesen so wichtigen Termin eingekleidet worden.

2. Ein anderer Patient berichtete uns, er hätte einen Termin bei einem neuen Arzt verpasst. Auf die Frage nach den näheren Umständen hat sie geantwortet, dass sie pünktlich erschienen sei, man ihr aber englischsprachige Unterlagen zum Ausfüllen gegeben habe, bevor der Arzt sie sehen konnte. Diese Patientin sprach zwar etwas Englisch, aber sie konnte weder lesen noch schreiben. Im Wartebereich war niemand, der ihr helfen konnte, und das Personal an der Rezeption schien beschäftigt zu sein. Daraufhin ging die Kundin hinaus, um jemanden zu suchen, der ihr helfen konnte. Bei ihrer Rückkehr in die

Arztpraxis, war es bereits zu spät für ihren Termin. Dieses Beispielszenario ist nicht auf das Gesundheitswesen beschränkt. Probleme mit Sprache sowie Lese- und Schreibfähigkeiten treten auch im Geschäftsleben, in Behörden, im Rechtswesen, im Finanzwesen und in vielen anderen Bereichen auf.

Wie die beiden obigen Beispiele zeigen, ist das Erreichen kultureller Kompetenz, nicht zu reden von kultureller Expertise, wichtig und erfordert, dass wir viele Elemente ansprechen. Um sowohl Individuen als auch Organisationen zu helfen, hat das United States Office of Minority Health die National Standards for Culturally and Linguistically Appropriate Services in Health and Health Care (auch bekannt als die CLAS Standards) entwickelt. Diese Standards bieten einen Rahmen, der die Qualität der Gesundheitsversorgung optimiert und die gesundheitliche Chancengleichheit innerhalb von Organisationen fördert, die zunehmend verschiedene Gemeinschaften in den USA versorgen. Das übergeordnete Prinzip lautet, „eine wirksame, gerechte, verständliche und respektvolle Qualitätsversorgung sowie -dienstleistungen bereitzustellen, die auf unterschiedliche kulturelle Gesundheitsüberzeugungen und -praktiken, bevorzugte Sprachen, Gesundheitskompetenz und andere Kommunikationsbedürfnisse eingeht".[98]

Auf internationaler Ebene haben die Forschung und die Befürwortung kultureller Kompetenz auch die Bedeutung der globalen Gesundheit betont. Mit anderen Worten: Wir müssen Gesundheit und Krankheit im Kontext von Völkerwanderungen, Klimawandel, weltweiten Wirtschaftsbeziehungen, die das Reisen erleichtern, und anderen Faktoren begreifen. Diese Perspektive fokussiert vor allem auf interdisziplinäre Ansätze, die epidemiologische, kulturelle, finanzielle, ökologische, ethnische, politische und rechtliche Kontexte verbinden. Obwohl sehr ambitioniert, erkennt es an, dass wir in einer vernetzten Welt leben, in der Gesundheit und Wohlbefinden eher globale als länderspezifische Themen sind.[99]

Im Laufe der Jahre haben wir, die Autoren, zusätzlich zu unserer klinisch-psychologischen Praxis und der Forschung im Bereich der öffentlichen Gesundheit, noch Schulungen in kultureller Kompetenz durchgeführt. Diese waren oft im Gesundheitswesen, aber auch bei Anwälten, Arbeitgebern, Behörden, Wohnungsbaudienstleistern und in anderen Bereichen zu finden. Über die Jahre haben wir auch etliche Gemeinde-Assessments durchgeführt, die die spezifischen Bedürfnisse von Immigrantengruppen und abgelegenen Orten innerhalb der USA identifizierten. Diese Maßnahmen erfolgten mit dem Ziel, gesundheitliche Ungleichheiten abzumildern. Wir wollten Gruppen von Menschen helfen, speziell Einwanderern, die aufgrund mannigfaltiger Umstände systematisch größere Hindernisse beim Zugang zur Gesundheitsversorgung und anderen Dienstleistungen erfahren haben. Betroffen sind davon die Zugehörigkeit zu einer Rasse oder ethnischen Gruppe, die nationale Herkunft, die Religion, der sozioökonomische Status, das Geschlecht, das Alter, die psychische Gesundheit, Behinderungen, die sexuelle Orientierung oder Geschlechtsidentität, die geografische Lage und andere Merkmale, die einer angemessenen Betreuung eher hinderlich sind.[100]

Als Nächstes werden wir drei von uns entwickelte und durchgeführte Projekte vorstellen, um zu belegen, wie sich einige der oben angesprochenen Konzepte im Leben von Personen auswirken, die mit besonderen Bedürfnissen und Umständen konfrontiert sind. Wir beschreiben diese Projekte und fassen dann die wichtigsten Punkte zusammen, die Dienstleister, Politikexperten, Verwaltungsangestellte, Gesetzgeber, Gemeindeentwickler und auch die Zuwanderer selbst davon mitnehmen können.

Das **Projekt Salaam**[101] war im Grunde eine psychologische und allgemeine Gesundheitsbedarfsanalyse, die sich auf Mitglieder der nahöstlichen, nordafrikanischen und ostafrikanischen Gemeinden im Großraum San Diego konzentrierte. Es war eine gemeinsame Anstrengung unter der Mitwirkung von Menschen mit den verschiedensten Backgrounds. Aus organisatorischer Sicht handelte es sich um eine Partnerschaft zwischen einer akademischen Einrichtung - der San Diego State University's Graduate School of Public Health - und einer glaubensbasierten Einrichtung, dem Islamic Center of San Diego (ICSD). Das Projekt bezog die Erfahrungen der einzelnen Teammitglieder ein, die lizenzierte Kliniker für psychische Gesundheit waren sowie Anbieter von medizinischer Versorgung (einige hatten dies in mehreren Ländern getan) und andere, die über einschlägige Kenntnisse für diese Gemeinschaften verfügten. Kurz, das Projekt kombinierte und integrierte die Expertise von Akademikern, Mitarbeitern des Gesundheitswesens und Menschen, die in den Gemeinden eingebettet waren, denen wir helfen wollten.

Das Projekt *Salaam* entstand, weil in den frühen 2000er Jahren diejenigen von uns, die klinische Psychologie praktizierten, zunehmend auf die emotionale Notlage von Mitgliedern der nahöstlichen, nordafrikanischen und ostafrikanischen Gemeinschaften in San Diego aufmerksam wurden. Einzelne Patienten schilderten negative Erfahrungen und ihre Versuche, mit solchen Erfahrungen in ihrem Alltag umzugehen. Unter den Immigranten gab es in der Vergangenheit negative Erfahrungen wie Verfolgung, Inhaftierung und Folter in ihrem Herkunftsland. Sie berichteten uns auch von Eskalationen auf solche Vorfälle als Reaktion auf die Terroranschläge vom 11. September 2001 in New York, die Terroranschläge der Folgezeit in verschiedenen Teilen der Welt und die US-Militäraktionen im Irak und in Afghanistan.

Einige unserer Schlüsselergebnisse waren wie folgt: Eine erhebliche Anzahl von San Diegos Zuwanderern aus Regionen des Nahen Ostens, Nordafrikas und Ostafrikas erlebte in ihren Heimatländern Verfolgung. Außerdem berichteten Angehörige mit entsprechender Herkunft, die nach San Diego zugewandert waren, über ein beachtliches Maß an Belästigung, Diskriminierung und Verbrechen aus Hass. Sie tendierten zu der Aussage, dass die Belästigung auf ihren religiösen Überzeugungen, ihrem Aussehen und ihrer Kleidung sowie ihrer Zugehörigkeit zu einer kulturellen ethnischen Gruppe beruhte. Bei Arabern und Muslimen wurde am häufigsten die traditionelle Kleidung als Grund dafür angegeben, warum sie sich angegriffen fühlten. Mitglieder anderer Gruppen, einschließlich chaldäischer Christen, waren keine Ausnahme. (Chaldäer gehören zur katholischen Kirche und stammen aus dem Nahen Osten, hauptsächlich aus dem Nordirak, der Südosttürkei und Nordostsyrien) Konkrete Erfahrungen reichten von subtilen Formen der Diskriminierung bis hin zu gewalttätigen Auseinandersetzungen. Jugendliche und Kinder berichteten über reichlich Mobbing und Belästigung, häufig durch Mitschüler an ihren Schulen. Kinder berichteten außerdem von stereotypen und verletzenden Kommentaren ihrer Lehrer. Nur ein kleiner Teil derjenigen, die Belästigung und Diskriminierung erlebten, hat dies jemandem gemeldet. Oft entschied man sich dafür, keine Meldung zu machen, weil man nicht wusste, wem man es denn melden sollte, weil man glaubte, eine Meldung würde nichts bewirken und weil man keine Aufmerksamkeit auf sich ziehen wollte. Tatsächlich waren von den Erwachsenen, die negative Erfahrungen gemeldet haben, nur 12 % mit dem Ergebnis zufrieden.

Unter den Zuwanderern berichteten die Betroffenen, die in ihren Herkunftsländern Verfolgung erlebt hatten, über mehr traumabedingte psychische Schwierigkeiten als diejenigen ohne solche Erfahrungen. Menschen mit Trauma-Erfahrungen sowohl in ihrem Herkunftsland als auch in den USA berichteten über mehr psychische Schwierigkeiten als alle anderen in den Gruppen. Die von den Erwachsenen am häufigsten beschriebenen Hauptprobleme bestanden in Schwierigkeiten, Gefühle auszudrücken, Probleme beim Arbeiten, das Gefühl der Hilflosigkeit, Konzentrationsschwierigkeiten, Nervosität und das Gefühl, von anderen getrennt zu sein.

Erfahrungen mit Verfolgungen in der Heimat waren vor allem mit Todesgedanken und Schwierigkeiten, Gefühle auszudrücken, verbunden. Wer Folter erlebt hatte, erlebte am häufigsten eine Loslösung von anderen und Wut auf sich selbst. Belästigung wurde in den USA insbesondere mit Wut, Einsamkeit, Schuldgefühlen und Eheproblemen assoziiert. Auch Schwierigkeiten bei der Arbeit und zunehmende familiäre Unstimmigkeiten wurden von der Gruppe beschrieben. Dies umfasste auch einige Berichte über häusliche Gewalt sowie Scheidungen.

Die Jugendlichen beschrieben, dass ihre Eltern oft nicht zur Verfügung standen, um über ihre Probleme zu sprechen. Sowohl die Jugendlichen als auch die Erwachsenen räumten ein, dass die Kommunikation und die emotionale Distanz zwischen Eltern und Kindern zugenommen haben. Betroffene mit starker religiöser Überzeugung versuchten den Stress vor allem durch Beten zu bewältigen. Viele erkannten allerdings auch, dass dies nur zum Teil eine Lösung wäre. Andere wiederum leugneten Berichten zufolge jegliche Schwierigkeiten, weil Stress in ihren Augen eine persönliche Schwäche ist und sie befürchteten, als „durchgeknallt" zu gelten Mitglieder der nahöstlichen, nordafrikanischen und ostafrikanischen Gemeinschaften in San Diego hielten formale psychische Gesundheitsdienste für sie oft für nicht verfügbar. Teils beruhte dies auf einem Mangel an kulturell und sprachlich kompetenten Anbietern. Aber auch das kulturelle Stigma, das mit emotionalen Problemen verbunden ist, führte dazu, dass die Menschen zögerten, Hilfe zu suchen. Wie andere Immigrantengruppen auch, hatten Einwanderer der ersten Generation aus dem Nahen Osten, Nordafrika und Ostafrika weniger Zugang zu einer Krankenversicherung als Menschen aus der breiteren US-Bevölkerung. Dieses Problem erstreckte sich auch auf ihre Kinder und Jugendlichen, vor allem diejenigen mit begrenzten oder gar keinen Englischkenntnissen. Dieselben Personen äußerten auch größere Schwierigkeiten, einen Arzt zu finden und Arzttermine zu vereinbaren. Schließlich gaben 60 % der Teilnehmer unserer Umfrage an, dass sie einen bestimmten Arzt, eine bestimmte Klinik oder ein bestimmtes Krankenhaus wegen der schlechten Behandlung, die sie erhalten hatten, nicht mehr besucht hatten.

Das Projekt *Salaam* resultierte darin, dass wir in Form eines schriftlichen Berichts Informationen über die Bedürfnisse einer größtenteils eingewanderten Gruppe von Menschen verbreiten konnten, deren Lebensumstände bisher nur wenig bekannt waren. Wir haben außerdem wichtige Empfehlungen ausgesprochen, die beschreiben, wie diese Gemeinschaft unterstützt werden kann. Schließlich hatten wir ein großes Treffen mit Gemeindemitgliedern und Strafverfolgungsbehörden, die

Hassverbrechen bearbeiten, bei dem wir unsere Erkenntnisse mitteilten. Dies vermittelte den Teilnehmern die Gewissheit, von uns gehört worden zu sein, und gab ihnen die Möglichkeit, uns zusätzliches Feedback zu geben.

Das **Projekt *Salud Libre*** [102] war eine Untersuchung der psychischen Gesundheitsbedürfnisse in den meist ländlichen und überwiegend zugewanderten mexikanisch-amerikanischen Gemeinden im kalifornischen Imperial Valley. Das Assessment wurde von einem lokalen kommunalen Kliniksystem mit wesentlicher Unterstützung und Beratung durch uns durchgeführt.

Unsere Einschätzung wurde durch die Kenntnis der ländlichen Umgebung seitens der Gemeinschaftsklinik veranlasst. Die besten nationalen Daten zeigen, dass in entsprechenden Umgebungen lebende Menschen erhebliche Zugangsbarrieren zur Gesundheitsversorgung haben. Sie haben oft ein geringeres Familieneinkommen und sind seltener krankenversichert als ihre städtischen Gegenstücke. Hinzu kommt, dass in ländlichen Gegenden eine geringere Anzahl an qualifizierten Anbietern zur Verfügung stehen als in den Städten. Latinos sehen sich dem potenziellen Doppelrisiko regionaler und ethnisch bedingter Leistungsdefizite gegenüber.

Diese Verhältnisse gelten sowohl für die geistige als auch für die körperliche Gesundheit. Auf nationaler Ebene wurden die limitierten psychischen Gesundheitsdienste für ländliche und kulturell ungleiche Bevölkerungsgruppen als Ursache für mehrere Probleme angegeben. Immer weniger Menschen werden überhaupt versorgt. Diejenigen, die Hilfe in Anspruch nehmen, tun dies zumeist zu einem späteren Zeitpunkt während ihrer Erkrankung. Die Konsequenzen sind schwerere, anhaltende und behindernde Symptome, deren Behandlung teurer ist, als es bei frühzeitigem Eingreifen der Fall gewesen wäre.

Die Bewertung von *Salud Libre* beruhte auf Daten, die durch Umfragen, strukturierte Fokusgruppen und Interviews mit wichtigen Interessenvertretern gesammelt wurden. Die Maßnahmen erfolgten auf Spanisch und Englisch an vielen Orten im Imperial County. In den Umfragen wurden demografische Daten, Informationen über Akkulturation, psychische Gesundheitssymptome, Zugang zu und Inanspruchnahme von Diensten, Versorgungspräferenzen und ähnliche Informationen aufgenommen.

Die Erkenntnis, dass die Bewohner des Imperial Valley tendenziell erheblichen Stressfaktoren ausgesetzt sind, war eine der wichtigsten Befunde. Diese Stressoren umfassten eine instabile Wirtschaftslage, extreme Sommerhitze, Isolation und körperliche Krankheiten. Die häufigsten aufgeführten psychischen Gesundheitssymptome bezogen sich auf Angst, Depression und Frustration. Darüber hinaus beschrieben die Menschen oft körperliche Schwierigkeiten, die sie mit emotionalen Problemen in Verbindung brachten. Frauen, Jugendliche, ältere Menschen, weniger akkulturierte Personen und Personen, die wenig oder gar kein Englisch sprachen, schienen für emotionalen Stress am anfälligsten zu sein. Stressoren und psychische Gesundheitssymptome verursachten und verschlimmerten Beeinträchtigungen bei Aktivitäten des täglichen Lebens im schulischen und familiären Umfeld. Familiärer Unfriede kam sehr häufig vor. Dies resultierte mitunter in Missbrauch, Scheidung, rechtlichen Konsequenzen und Verlassenheit.

Zusätzlich lag die Zahl der Nichtversicherten im Vergleich zu den landesweit gemeldeten Zahlen deutlich höher. Ebenfalls wichtige Barrieren waren zu wenige kulturell und sprachlich kompetente Anbieter, kulturelle Tabus gegen Dienstleistungen und mangelndes Wissen über psychische Behandlungsmöglichkeiten.

Personen mit begrenzten Englischkenntnissen stießen auf einige der größten Barrieren. Mexiko war die häufigste Quelle für psychische und physische Selbstbehandlung. Diese Option ermöglichte einen gewissen Zugang. Allerdings gibt es in Mexiko bei einigen Behandlungen und Arzneien weniger Sicherheitsvorkehrungen als in den USA. Dies führte beispielsweise zu Bedenken (z. B. bei Ärzten) hinsichtlich der Verwendung von Medikamenten, die zwar in Mexiko erhältlich, jedoch in den USA nicht zugelassen sind.

Das Projekt *Salud Libre* hat gezeigt, dass es wichtig ist, bei der Beurteilung der Bedürfnisse von Zuwanderern spezifische Gemeinschaften innerhalb eines größeren Landes zu betrachten. Obwohl beide Umgebungen in den USA liegen, haben ländliche Gemeinden in der Regel wenig mit großen Ballungsräumen gemeinsam. Beide verdienen eine nuancierte Aufmerksamkeit für ihre einzigartigen Bedingungen. Zum Beispiel wird die Interaktion zwischen den Kulturen, wenn Einwanderer nach New York City kommen, wahrscheinlich ganz anders sein als im kalifornischen Imperial Valley. Daraus ergibt sich die Notwendigkeit für verschiedene Arten der Gemeindeentwicklung.

Die Methoden, die wir für das Projekt *Salud Libre* und das Projekt *Salaam* angewandt haben, wiesen einige Gemeinsamkeiten auf. Obwohl sie sich an verschiedene Standorte und Immigrantengruppen richteten, schlossen beide Fachleute mit unterschiedlichem Hintergrund und Fachwissen ein (z. B. aus dem akademischen Bereich, der klinischen Praxis und der kommunalen Gesundheitsversorgung), um lokale Probleme in Südkalifornien anzugehen. Diese Kombination zeigte, wie Teammitglieder mit unterschiedlichen Hintergründen Probleme angehen können, wenn sie gleichberechtigt zusammenarbeiten.

Ein Projekt der anderen Art:

Während die beiden oben beschriebenen Beispiele eine Gemeinde-basierte Bedarfsanalyse umfassten, haben wir auch andere durchgeführt, die sich auf Systeme konzentrierten, die für qualifizierte Gesundheitsdienstleister verwendet werden. Unsere grundsätzliche Frage lautete: Beurteilen derartige Qualifizierungssysteme, ob die Anbieter in Bezug auf kulturelle Gegebenheiten, die die Pflege beeinflussen, gut geschult sind?

Cultural Competence in the Licensure of Health Care Professionals[103] war ein Projekt, das vom US Department of Health & Human Services, Office of Minority Health (OMH) gefördert worden ist. Unsere Arbeit untersuchte, inwieweit kulturelle Kompetenz in den Approbationsverfahren und Prüfungen verschiedener Disziplinen des Gesundheitswesens bewertet wurde.

„Kulturelle Kompetenz" umfasste den Grad, in dem die wichtigsten nationalen Zulassungsprüfungen im Gesundheitswesen und andere Verfahren a) inhaltlich gültige Fragen, die die menschliche Vielfalt ansprechen, und b) anfängliche und fortlaufende Validitätsprüfungen beinhalten, die darauf abzielen, zu beurteilen, ob Prüfungsverfahren und/oder Artefakte negative Auswirkungen auf Mitglieder sprachlich und kulturell unterschiedlicher Gruppen haben. Ferner beinhaltete der Bericht eine Kontrolle bestehender Ansätze für mündliche und praktische Prüfungen sowie eine Bewertung der Wahrnehmungen über Prüfungsinhalte, Fairness und andere relevante Themen bei Kandidaten aus kulturell und sprachlich unterschiedlichen Gruppen. Schließlich gab das Projekt Empfehlungen für Forschung und Politik und identifizierte bestehende Barrieren, die die Bemühungen um eine Verbesserung der kulturellen Kompetenz bei der Lizenzvergabe behindern.

Angesichts des Auftrags der OMH, die Gesundheit von rassischen und ethnischen Minderheiten zu verbessern und zu schützen, konzentrierte sich der Bericht weitgehend auf diese Gruppen. Unser Projekt betraf keine Prüfungen für Disziplinen wie Chiropraktik, Optometrie, Pharmazie, Physiotherapie, Beatmungspflege und berufliche Krankenpflege. Vielmehr lag sein Fokus auf sieben großen Berufsfeldern, um einen Prozess in Gang zu setzen, der die Bandbreite der derzeit verwendeten Testansätze und -praktiken aufzeigt. Dabei handelte es sich um Tests für Ärzte, Osteopathen, Psychologen, registrierte Krankenschwestern, Zahnärzte, Sozialarbeiter und staatlich geprüfte Berater. Wir hoffen, der Bericht wird eine breitere Forschung und Diskussion über kulturelle Kompetenz bei der Zulassung von Gesundheitsfachkräften in Gang bringen.

Folgende Hintergrundüberlegungen gaben damals den Anlass, uns mit dem Projekt zu beschäftigen: Während die Bereitstellung einer kulturell kompetenten Gesundheitsversorgung die Pflicht eines jeden Gesundheitsdienstleisters ist, weist zusätzliche Literatur darauf hin, dass eine vielfältige Belegschaft im Gesundheitswesen wahrscheinlich den Zugang zu Dienstleistungen verbessert und erweitert. Wir wissen z. B., dass lateinamerikanische und schwarze Gesundheitsdienstleister tendenziell mit einer größeren Anzahl von Patienten aus traditionell unterversorgten Gruppen arbeiten als ihre weißen Kollegen. Studien haben auch gezeigt, dass bei sonst gleichen Faktoren eine ethnische Übereinstimmung zwischen Anbieter und Patient/Klient die Zufriedenheit der Verbraucher und die Inanspruchnahme von Dienstleistungen tendenziell erhöht.[104] Einige Bildungsprogramme und Institutionen haben daher ihren Schwerpunkt auf „Pipeline"-Anstrengungen gelegt, die verschiedene Talente für eine Karriere im Gesundheitswesen anziehen (z. B. Hispanic Centers of Excellence). Umgekehrt wird in der vorhandenen Literatur behauptet, Maßnahmen, die die Rekrutierung und Ausbildung von Gesundheitsfachkräften aus kulturell unterschiedlichen Bevölkerungsgruppen behindern, würden den Zugang zur Gesundheitsversorgung für Menschen am unteren Ende des sozioökonomischen Spektrums und für so genannte „Minderheiten" einschränken.[105] Der andauernde Mangel an Gesundheitsfachkräften aus sprachlich und kulturell unterschiedlichen Gruppen macht diese Fragen besonders kritisch.[106] (Für eine breitere Diskussion zu diesem Thema siehe Kapitel 6)

Ein bislang nur unzureichend untersuchtes Gebiet des Gesundheitswesens ist die Rolle, die Methoden und Verfahren der Berufszulassung bei der Förderung oder Behinderung von Bemühungen um eine kulturell kompetente Basis an Dienstleistern spielen. Studienergebnissen zufolge schneiden Menschen aus verschiedenen ethnischen Gruppen bei Lizenzprüfungen unterschiedlich ab. So berichten etwa Dawson-Saunders, Iwamoto, Ross und Kollegen[107], dass die United States Medical Licensing Examination (abgekürzt USMLE), Step 1, ein Teil des Zulassungsverfahrens für Ärzte, niedrigere Erfolgsquoten für nicht-weiße, kulturell unterschiedliche Gruppen aufweist (49 % für Schwarze, 66 % für Latinos und 88 % für Weiße). Das National Board of Medical Examiners[108] hält dem entgegen, dass nach mehreren Versuchen letzten Endes fast alle Kandidaten bestehen (100 % Weiße, 98 % bei Latinos und 93 % der Schwarzen). Was Studien in anderen Disziplinen angeht so berichtete Werner[109], dass nicht-weiße Bewerber in Kalifornien die landesweit angebotene Prüfung für die berufliche Praxis in der Psychologie (EPPP) mit deutlich weniger als der Hälfte der Rate ihrer weißen Kollegen bestanden. Ähnliche Trends wurden bei den Zulassungsprüfungen in der Krankenpflege festgestellt.[110]

Durch dieses Projekt haben wir gelernt, dass es große Unterschiede in der Art und Weise gibt, wie verschiedene Prüfungen Inhalte und Prozesse der menschlichen Vielfalt behandeln. Zum Beispiel hat der National Council of State Boards of Nurses, der Entwickler der primären RN-Prüfung, die Testaufgaben statistisch nach Geschlecht und ethnischer Hauptgruppe validiert. Ungleiche Leistungen lösten eine Kontrolle aus, die zur Entfernung von Aufgaben führen kann. Auch der Hintergrund von Englisch als Zweitsprache wurde erfasst. Ferner wurde in anderen Fächern (z.B. Sozialarbeit) die Leistung nach ethnischer Zugehörigkeit und Geschlecht geprüft. Im Gegensatz dazu haben die Prüfungsentwickler in der Psychologie, der osteopathischen Medizin und der Zahnmedizin von keinen derartigen Verfahren berichtet.

Teilweise haben wir die Empfehlung ausgesprochen, dass Lizenzierungsbehörden und Entwickler von Lizenzierungsprüfungen, die dies noch nicht tun, freiwillige Daten über die ethnische Herkunft und den ESL-Status ihrer Kandidaten erheben. Wir haben dazu geraten, die auf menschlicher Vielfalt / Kultur basierenden Prüfungsaufgaben zu verfolgen, um herauszufinden, wie häufig sie enthalten sind. Die Prüfungsentwickler wurden dazu ermutigt, die zuvor beschriebenen Nationalen Standards zu kulturell und sprachlich angemessenen Dienstleistungen (CLAS) als Inhalt in Ethik- und anderen geeigneten Prüfungsabschnitten zu integrieren. Und schließlich empfahlen wir noch, dass Zulassungsbehörden, die mündliche, klinische oder praktische Prüfungen durchführen, die Prüfer in kultureller Kompetenz ausbilden sollten.

Dieses Projekt erforschte insbesondere ein Element im US-amerikanischen Gesundheitswesen. die von uns angewandten Methoden lassen sich jedoch auch auf andere Bereiche übertragen. Systematische Regel- und Verfahrensanalysen sowie deren Anwendung im echten Leben können die Erfolgsrate in der Verwaltung, in der Wirtschaft und in vielen anderen Bereichen erhöhen. Wie wir im nächsten Kapitel darlegen werden, hat die COVID-19-Pandemie gezeigt, dass den Nationen am besten gedient ist, wenn sie bei weltweiten Problemen kooperieren. Die Anwendung eines organisierten Ansatzes, um zu erfahren, wo Barrieren für den Fortschritt bestehen, kann uns helfen, Blockaden zu beseitigen, die solche Bemühungen erschweren.

Die oben besprochenen Projekte zielten darauf ab, breit angelegte Veränderungen in Systemen und Methoden zu erreichen, die unterschiedlichen Bevölkerungsgruppen dienen. Doch was ist mit der realen Arbeit im klinischen Umfeld? Es gibt Zeiten, in denen wir herausfinden müssen, was Kultur bedeutet, was grundlegende Persönlichkeit ist und wie sie alle interagieren. Die folgende Vignette zeigt ein Fallbeispiel.

> **Was ist kulturell und was ist „nur"**
> **psychologisch? Ein nuanciertes Beispiel (Dolores**
> **Rodríguez-Reimann)**
> Für Psychologen wie Joachim und mich, die oft mit Zuwanderern arbeiten, ist die Kultur Linse und zugleich Filter, durch die wir einen Großteil der Erfahrungen unserer Patienten verstehen. Dennoch gibt es Zeiten, in denen die Kultur ein wichtiger Faktor ist, aber nicht in vorherrschender Weise. Wir hoffen, dass die folgende Geschichte diesen Aspekt verdeutlicht.

Morgan war eine attraktive junge Frau, aufgewachsen im Großraum Washington District of Columbia (DC). Bei ihrem ersten Besuch gab sie an, ihr Therapie-Hauptziel bestünde darin, Hilfe für, in ihren Worten, „Kämpfe mit kulturellen Themen" zu suchen Morgan glaubte, ihr persönlicher kultureller Hintergrund sei italienisch und irisch. Aber zwischen ihr und der Zeit, als ihre Vorfahren in die Vereinigten Staaten einwanderten, lagen „so viele Generationen". Folglich bezeichnete sich Morgan als „grundsätzlich amerikanisch". Ihr Vater, ein Hauptmann der Luftwaffe, war während seiner gesamten Karriere viel gereist und hatte die Familie oft mitgenommen. Laut Morgan hatte sie mit 13 Jahren bereits in 14 Ländern gelebt. Ihre Mutter wurde Berichten zufolge in einem Land schwanger, brachte Morgan dann aber in einem anderen Land zur Welt.

Kulturelle Probleme, mit denen Morgan angeblich zu kämpfen hatte, stünden mit einer Situation bei der Arbeit in Zusammenhang. Morgan hatte in der Finanzbranche Karriere gemacht und aufgrund ihrer internationalen Erfahrung war sie mit Auslandsreisen recht vertraut. Morgan gab an, sie sei recht erfolgreich in ihrem Job. Sie fuhr fort zu beschreiben, dass vor ein paar Jahren (Ende 2017) ein langjähriger Freund und Mentor zusammen mit zwei anderen Kollegen beschloss, ihre Talente zu bündeln und ein neues Unternehmen zu gründen, das sich mit internationaler Beratung beschäftigt. Sie fragten Morgan, ob sie ein Teil des Start-ups sein wollte.

Morgan war sehr enthusiastisch und hoffte, sie und ihre Freunde würden neue und interessante Unterfangen erleben, sobald das neue Unternehmen „abheben" würde. Durch Morgans Reisen hatte sie viele internationale Freunde gefunden. Eine Freundin war vor allem Isabel, ebenfalls aus der Finanzbranche. Isabel war eine Dame mittleren Alters, die Morgan sehr ans Herz gewachsen war. Isabel ist in Spanien geboren und aufgewachsen und betrachtet sich selbst als Kulturmix mit einer spanischen Mutter, während ihr Vater in Deutschland geboren und aufgewachsen ist. Als Morgan und Isabel sich vor fast 10 Jahren kennengelernt hatten, war Isabel verheiratet gewesen und zog zwei Jungen, Alejandro und Adrián, groß. Als Morgan ihren ersten Termin bei mir machte, waren beide Söhne von Isabel bereits erwachsen.

Morgan und Isabel hatten sich auf einer Konferenz kennengelernt, und von Anfang an spürten sie, dass sie eine Verbindung hatten. Sie wurden schnell Freunde und berieten sich oft bei der Arbeit. Als Freunde unterstützten sie sich auch gegenseitig durch persönliche Prüfungen und Erfahrungen. Isabel war eine beständige Freundin, an die man sich leicht wenden konnte, als Morgans Mutter vor knapp drei Jahren dem Krebs erlag. Nachdem Isabel 2017 geschieden wurde und ihre beiden Jungs aufs College gegangen waren, erwog Isabel, in die USA auszuwandern, um ein neues Kapitel in ihrem Leben zu beginnen. Morgan hielt das für eine großartige Idee, vor allem angesichts Isabels besonderer Sachkenntnis und Erfahrung. Vielleicht, so dachte

sie, könnte sich Isabel Morgan und ihren Kollegen bei
ihrem neuen Geschäftsvorhaben anschließen. Morgan
besprach diese Idee mit ihren Kollegen und Freunden
und bald waren sich alle einig, dass Isabel etwas zum
Start-up beizutragen hatte. Mit ihren vielen internationalen Verbindungen und ihren fließenden Sprachkenntnissen in vier Sprachen könnte Isabel schnell zu einer
wichtigen Bereicherung für die Ziele der Beratungsfirma
werden. Isabel war zuvor nur einmal in den Vereinigten
Staaten gewesen, als sie für ein paar Wochen New York
City besuchte. Aber sie war nicht vertraut mit Südkalifornien. Morgan glaubte jedoch, dass Isabel den Übergang schaffen und sich anpassen könnte. Morgan sprach
mit Isabel und schon bald wurden Pläne ausgearbeitet,
die Isabel helfen sollten, sich in Morgans Arbeitsgruppe
zu integrieren und Isabels Einwanderung in die Vereinigten Staaten zu planen.

Als Morgan zu mir in die Therapie kam, war es schon
sechs Monate her, dass Isabel nach San Diego, Kalifornien, ausgewandert war. Die ursprüngliche Vereinbarung
zwischen Morgan und Isabel sah vor, dass Isabel die
Planung und Entwicklung für die europäische Division
des Unternehmens übernehmen sollte. Morgan und ihre
Kollegen würden Isabel während ihres Übergangs in die
USA unterstützen. Zu diesem Zweck, und um Isabels
Ersparnisse nicht unnötig aufzubrauchen, würde Isabel mietfrei in einem Gästehaus in Morgans Anwesen
wohnen. Ein anderer Kollege würde Isabel ein Auto lei-
hen, damit sie herumfahren und sich an die neue Umgebung gewöhnen könnte. Der Plan sah vor, dass Isabel in
den USA bleiben, aber Spanien besuchen wollte, sobald

sie sich hier eingelebt hatte. Das passte auch perfekt zu den Zielen des Start-ups.

Englisch war für Isabel kein Problem gewesen, denn neben Spanisch, Deutsch und Russisch war Englisch eine von vier Sprachen, die sie beherrschte. Doch laut Morgan begannen bald nach Isabels Ankunft Probleme aufzutauchen. Isabel hatte Schwierigkeiten, sich auf Projekte zu konzentrieren, die ihr anvertraut wurden, und schien durch Fragen und Probleme mit ihren erwachsenen Söhnen in Spanien abgelenkt zu sein. Dabei ging es um Themen, die Morgan trivial erschienen, z. B. welche Art von Kleidung ihre Söhne bevorzugten und mit wem sie sich verabredeten. Auch wenn Isabels Scheidung bereits Monate zuvor abgeschlossen wurde, scheint es ein konstantes und anhaltendes Interesse am Kommen und Gehen ihres Ex-Mannes zu geben. Laut Morgan kam Isabel oft spät am Morgen aufgeregt ins Büro und weinte über „all" die Situationen „zu Hause". Und obwohl Morgan und die anderen im Büro verständnisvoll waren, wurde bald klar, dass Isabel eine straffere Führung benötigen würde, um besser „auf Kurs" zu bleiben und sich auf ihre vereinbarten Aufgaben bei der Arbeit zu konzentrieren.

Darüber hinaus begann Isabel im Rahmen ihrer Integration am Arbeitsplatz, Beziehungen zu Personen aufzubauen, die zu Morgans größerem Arbeitsnetzwerk gehörten. So verbrachte Isabel oft Zeit mit Freunden, Kollegen und Bekannten von Morgan. Doch schon bald hörte Morgan durch den „Flurfunk", dass Isabel sich über Aktivitäten und Aufgaben beschwerte, die ihr bei der Neugründung zugewiesen wurden. Es kamen Gerüchte auf, dass Isabel nicht unterstützt und ungerecht behandelt wurde. Die Beschwerden waren subtil genug, um nicht völlig undankbar zu klingen. Dennoch erzeugten sie Sympathie und Fragen von Menschen, die Morgan und ihre Kollegen kannten. Als Morgan und ihre Kollegen dieses Feedback zu hören bekamen, schrieben sie es zunächst der Tatsache zu, dass Isabel „neu hier" war, „weit weg von zu Hause" und „sich nur schwer an ihre neue Umgebung gewöhnen konnte". Bald jedoch begannen Mitgefühl und Sympathie in Fragen nach Isabels wahren Beweggründen und in offene Abneigung ihr gegenüber überzugehen. Ehe man sich versah, wurden Unwahrheiten und glatte Lügen, Anschuldigungen und Schuldzuweisungen von Isabel zu ständigen Themen, die in „Teambesprechungen" zwischen Morgan und ihren Kollegen diskutiert wurden. Es wurde auch deutlich, dass Isabel alle möglichen Gründe finden würde, warum sie die an sie gestellten Arbeitserwartungen nicht erfüllen wollte und konnte.

Unnötig zu sagen, dass das alles für Morgan sehr belastend war, denn schließlich fühlte sie sich dafür verantwortlich, Isabel in die Gruppe eingeführt zu haben. Zugleich empfand Morgan aber auch Mitgefühl für Isabel. Es schien ihr, dass Isabel „Schwierigkeiten" hatte, sich an ihr neues Leben zu gewöhnen, obwohl Isabel wiederholt erklärt hatte, dass sie genau das hatte, was sie wollte: in die USA kommen und für eine neue und interessante Firma arbeiten.

„Wie viel davon ist kulturell bedingt", fragte Morgan mich in der Sitzung, und wie viel davon etwas anderes sei? Morgan sagte oft: „...manchmal tut mir Isabel so leid und ich möchte einfach nur helfen. Und dann gibt es andere Zeiten, in denen ich wirklich wütend werde und sage, es reicht, vielleicht solltest du (Isabel) nicht bei uns zu arbeiten, wenn du so unglücklich bist." Morgan wollte, dass ich ihr helfe, ihre eigenen Gefühle zu sortieren, und wollte herausfinden, wie sie ihre Freundschaft mit Isabel und den Schutz der Integrität ihrer Arbeitsgruppe am besten auf eine Art und Weise vereinbaren kann, die „für alle fair ist".

Nach ein paar Sitzungen begann Morgan, sich im Umgang mit Isabel „weniger gestresst" zu fühlen. Morgan wurde sich ihrer eigenen Gefühle sicherer bewusst und wir übten, wie Morgan deutlichere Grenzen setzen konnte, wenn sie mit Isabels Projektion ihrer eigenen persönlichen Probleme konfrontiert wurde. Morgan wurde auch dadurch begünstigt, dass Isabel jemanden kennengelernt hatte, einen männlichen Freund. Isabel hatte ihre eigenen neuen sozialen Verbindungen entwickelt und schien optimistisch und hoffnungsvoller in ihre Zukunft zu blicken. Doch einen „neuen Freund" zu haben, lenkte Isabel weiter von ihrer Arbeit ab. Sie verließ das Büro oft unangekündigt und erschien zeitweilig gar nicht zur Arbeit.

Dann, etwa fünf Wochen später, in denen wir uns regelmäßig mit Morgan trafen, geschah etwas, das unsere Arbeit völlig veränderte. Unsere Therapie-Ziele verlagerten sich. Morgan zufolge passierte das Ganze an einem langen Feiertagswochenende. Isabel und ihr neuer Mann, Albert, hatten beschlossen, zusammenzuziehen. Das war ein Schritt, gegen den Morgan nicht wirklich etwas einzuwenden hatte, auch wenn sie das Gefühl hatte, dass es für Isabel noch „zu früh" wäre, diese Option in Betracht zu ziehen. Gegen 3:00 Uhr morgens an einem Feiertag erhielt Morgan einen Anruf von Isabel, die sie bat, eine Kaution für sie zu hinterlegen, da sie in der Nacht zuvor wegen Körperverletzung bei einem Vorfall häuslicher Gewalt verhaftet worden war. Offenbar hatten Isabel und Albert Alkohol getrunken und es kam zu einem Streit/einer Schlägerei. Es hieß, Isabel habe ein Messer ergriffen und gedroht, sowohl sich selbst als auch Albert zu erstechen. Zum Glück wurde niemand ernsthaft verletzt, aber Isabel schaffte es, ein Glas nach Albert zu werfen, das ihn an der Seite seines Gesichts traf. Als Nachbarn den Aufruhr hörten, riefen sie die Polizei, und schließlich war es Isabel, die verhaftet worden war.

Unnötig zu sagen, dass Morgan unter Schock stand, am Boden zerstört war und wirklich wütend darüber war, dass sie in eine so schwierige und chaotische Situation „hineingezogen" wurde. Morgan war klar, dass „sie endgültig mit Isabel fertig war" und „das war der letzte Tropfen". Für Morgan ging es nun darum, die Beziehung mit Isabel auf möglichst einvernehmliche Weise zu beenden und gleichzeitig das Risiko für sich selbst, ihre Kollegen und das Unternehmen zu minimieren. Obwohl es aus meiner beruflichen Perspektive unethisch ist, eine Person zu diagnostizieren, die ich nicht persönlich einschätze, war mir klar, dass, wenn ich Morgan in dieser Situation helfen sollte, ein Teil meiner Arbeit darin bestand, ihr zu helfen, sich in kulturellen Kontexten zurechtzufinden und zu verstehen, aber auch zwischen

diesen und dem zu unterscheiden, was eindeutig von Isabels Persönlichkeitsmerkmalen ausgelöst wurde.

Ich fragte Morgan, ob sie im Laufe ihrer Freundschaft
jemals Zeuge von Isabels gefährlichem oder impulsivem
Verhalten geworden sei, das Morgan als irgendwie „unangemessen" empfand. Morgan berichtete von ihrem
Eindruck, dass Isabel eine lange Geschichte schwieriger
Beziehungen hatte, in denen Freunde und Verwandte in
Isabels Leben ein- und ausgingen, oft wegen der klein-
sten Probleme oder wahrgenommenen Beleidigungen.
Morgan sagte auch, dass Isabel manchmal „ein wenig
zu dramatisch" in ihrer emotionalen Reaktion auf bestimmte Rückschläge war. Aber für Morgan war das „...
genauso, wie Isabel war..." und in Morgans Worten „...
ich verurteile Menschen nicht dafür, wie sie sind...".

Es stimmt zwar, dass verschiedene Kulturen Unterschiede in der Bandbreite des emotionalen Ausdrucks
zulassen (ich persönlich bezeichne mich oft als sehr
„leidenschaftliche Latina"), aber es gibt Persönlichkeitsmerkmale und Bewältigungsstile, die schwierig
werden können, egal woher man kommt. Ein problema-
tischer Persönlichkeitsstil hat das Potenzial, zu einer
Störung zu werden, die durch schwierige und komplizierte zwischenmenschliche Beziehungen und Probleme mit einem niedrigen Selbstbild gekennzeichnet
ist. In einigen Fällen können solche Bewältigungsstile
zu einer ernsthaften psychischen Erkrankung werden,
die durch instabile Stimmungen und impulsives Verhalten gekennzeichnet ist. Im Bereich der psychischen
Gesundheit gibt es eine Reihe von dysfunktionalen Be-
wältigungsstilen, die, sobald sie sich verfestigt haben,

zu ausgewachsenen Persönlichkeitsstörungen führen können, die sich negativ auf die gesamte psychische Gesundheit und das Wohlbefinden einer Person auswirken.

Nach dem, was Morgan beschrieb, hatte Isabel einen Bewältigungsstil, bei dem Personen wie sie regelmäßig Probleme mit Beziehungen, der Familie, dem Arbeitsleben, der langfristigen Planung und der Selbstidentität haben. In extremen Fällen können Menschen, die dysfunktionale Bewältigungsversuche zeigen, intensive Anfälle von Wut, Depression und Angst erleben. In extremen Fällen kann dies zu Selbstverletzungen oder Selbstmord sowie zu Drogen- und/oder Alkoholmissbrauch führen. Da ich Isabel nie getroffen oder behandelt habe, hatte ich keine direkten Beweise für ihr Verhalten, so dass ich sie nicht mit einer Persönlichkeitsstörung oder etwas anderem diagnostizieren konnte. Ich hatte jedoch genug Informationen, um Morgan dabei zu helfen, das Kulturelle und das, was eindeutig Isabels Persönlichkeitsprobleme zu sein schienen, zu sortieren.

Am Ende zog Isabel bei Albert ein und beschloss, dass die Arbeit mit Morgan und ihren Kollegen nicht zu ihr passte. Sowohl Morgan als auch Isabel beschlossen, Freunde zu bleiben. Doch es war nicht zu erwarten, dass die Beziehung zwischen Morgan und Isabel so weitergehen würde wie bisher.

Bei der Analyse dieses Fallbeispiels möchte ich auf ein paar Beobachtungen hinweisen: Obwohl die Kultur eine wichtige Linse ist, durch die ich die Erfahrungen der Menschen betrachte, spürte ich schon sehr früh, dass es für Morgan und ihre Freundin Isabel um viel mehr als „kulturelle Probleme" ging. Während

Menschen, die einwandern, oft mit Übergangsproblemen konfrontiert sind, entsprachen die Arten von Problemen, die Isabel hatte, nicht der allgemeinen Erfahrung von Einwanderern. Zum Beispiel sind Zuwanderer in der Regel bereit, hart zu arbeiten und suchen nicht nach Ausreden, um „ihren Beitrag zu leisten". Einwanderer, die aus Kulturen kommen, in denen die Familienidentität wichtig ist, bringen normalerweise Einstellungen zum Ausdruck, die eine Fortsetzung dieser Familienbande fördern. Doch im Fall von Isabel schien das Gegenteil der Fall zu sein. Isabel schien Probleme zu verursachen, indem sie sich unangemessen in das Leben ihrer beiden erwachsenen Söhne und mit ihrem Ex-Mann einmischte. Ein letzter Faktor in meiner Beurteilung der Umstände war in diesem Fall, dass ich das Gefühl hatte, dass Morgan als Investition stark in Isabels Erfolg integriert war. Als solche war Morgan bereit, sich selbst zu betrachten (einschließlich der Hilfe eines klinischen Psychologen), um sicherzustellen, dass sie von ihrer Seite aus alles Mögliche tat, um ihrer Freundin zu helfen. Doch für Isabel schien es wenig Rücksicht oder Wertschätzung für die Bemühungen von Morgan zu geben, ihr zu helfen.

Angesichts von Kriegen und Folter, vor denen einige andere Einwanderergruppen geflohen sind, mögen Isabels und Morgans Probleme trivial erscheinen. Aber ihre Probleme waren wichtig für die Menschen in dieser Geschichte. Wie wir in diesem Buch bereits gesagt haben, kommen die Einwanderer aus allen Lebenslagen und mit unterschiedlichem Hintergrund. Neben der Beschreibung eines Beispiels, in dem es darum geht, was kulturelle und was persönliche Störungen sind, weist diese Geschichte darauf hin, dass alle Menschen, die sich in verschiedenen Formen von Notlagen befinden, unseren Respekt und, soweit möglich, unsere Hilfe verdienen.

Zu berücksichtigende Fragen

Wenn Sie an Ihre eigenen Erfahrungen denken, gibt es Fälle, in denen Sie das Gefühl hatten, dass Sie auf eine Art und Weise behandelt wurden, die respektvoll gegenüber dem war, was Sie sind und wie Sie sich selbst sehen? Gab es eine Situation, in der das nicht der Fall war? Wie sind Sie damit umgegangen? Wenn Sie zurückgehen und es noch einmal tun könnten, was würden Sie anders machen?

Empfehlungen

- Suchen Sie Mentorenschaften mit Menschen, die ähnliche Erfahrungen gemacht und Schwierigkeiten überwunden haben, also „den Weg schon gegangen sind".
- Teilnahme an Forschung/klinischen Studien. Dies kann Sie über die spezifischen Gesundheitsbedürfnisse Ihrer eigenen Gemeinde informieren. Es kann Ihnen auch ermöglichen, zu Lösungen beizutragen, die diese Bedürfnisse ansprechen.
- Entwickeln Sie Kontakte für die zukünftige Ausbildung/ Beschäftigung/Vertretung.
- Engagieren Sie sich ehrenamtlich in Organisationen, die sich für Zuwanderer einsetzen.
- Wenn Sie ein Student sind, suchen Sie nach Praktika, die mit kulturell unterschiedlichen Bevölkerungsgruppen arbeiten. Viele Colleges und Universitäten haben auch einen Ansatz gewählt, der sich „Service Leaning through Civic Engagement" nennt. Dies führt Studenten und Dozenten aus dem Klassenzimmer heraus und stellt sie vor die Aufgabe, eine Vielzahl von Gemeinschaftsprojekten zu entwickeln und durchzuführen. Ein solches Projekt kann sicherlich Möglichkeiten bieten, mit Zuwanderern unterschiedlicher Herkunft zu arbeiten.

- Wenn Sie ein kleines oder neu gegründetes Unternehmen sind, sollten Sie eine Allianz mit anderen kleinen Unternehmen in Erwägung ziehen, die sich aus Menschen aus verschiedenen Kulturen zusammensetzen. Oft ermöglichen solche Joint Ventures den Unternehmen, Aufträge und Kunden zu bekommen, die ein Unternehmen allein nicht erreichen könnte. Wenn sich mehrere Start-up-Unternehmen einen gemeinsamen Raum teilen oder sich anderweitig in unmittelbarer Nähe befinden, spricht man oft von einem Gründerzentrum für kleine Unternehmen.

Ressourcen

- Die vollständigen Nationalen Standards für kulturell und sprachlich angemessene Dienstleistungen (Culturally and Linguistically Appropriate Services, CLAS) im Gesundheitswesen finden Sie online unter: https://thinkculturalhealth.hhs.gov/clas
- Ein Toolkit für kulturelle Kompetenz aus Großbritannien finden Sie unter: https://www.diversecymru.org.uk/wp-content/uploads/Cultural-Competency-Toolkit.pdf

9

GROUP FOR IMMIGRANT RESETTLEMENT & ASSESSMENT (GIRA)

Wie in früheren Kapiteln beschrieben, umfasst unsere Arbeit als Psychologen oft forensische Beurteilungen für Einwanderungsfälle (z. B. extreme Härtefälle; Asylanträge; Fälle von Missbrauch in der Ehe usw.). In einem anderen, jedoch verwandten Bereich haben wir universitäre Forschung im Bereich der öffentlichen Gesundheit und der Psychologie durchgeführt. Sowohl die Forschung als auch die klinischen Dienstleistungen haben sich weitgehend auf kulturell und sprachlich voneinander unterscheidende Populationen konzentriert (vor allem Latino-, ostafrikanische und nahöstliche Einwanderer und Flüchtlinge). Diese Arbeit wird noch weiter fortgesetzt. Solche Bemühungen sind insofern lohnend, als sie eine Vielzahl von Menschen positiv beeinflussen können.

Kurzum, wir sind immer bereit für ein neues Projekt. Jeder ist ein Abenteuer. Für uns lauten die aktuellen Fragen: Wie können wir unsere Erfahrungen zusätzlich konstruktiv nutzen? Können wir dazu beitragen, systematische Ansätze zu schaffen, die Zuwanderer bei ihren Bemühungen unterstützen, sich in einem neuen Land einzuleben? Wenn ja, wie machen wir das? Gibt es einen methodischen Ansatz, der für Menschen, die mit Zuwanderern arbeiten, nützlich ist?

Diese Fragen veranlassten uns vor einigen Jahren, die Group for Immigrant Resettlement & Assessment (GIRA) zu gründen. GIRA ist eine multidisziplinäre Einheit, eine Kombination aus klinischen und sozialen Psychologen, Forschern, Spezialisten für Karriereentwicklung, Leitern von gemeindebasierten Organisationen und anderen Personen mit einschlägiger Expertise. Unsere Gruppe hat es sich zur Aufgabe gemacht, psychometrische Maßnahmen zu entwickeln und dann auch anzuwenden, die relevante Informationen zu Einwanderungsprozessen hinzufügen, die fundierte Entscheidungen bei der Unterstützung von Einwanderern ermöglichen. In diesem Kontext interessieren wir uns für professionelle, nuancierte und unpolitische Ansätze, die zu Lösungen in derartigen Situationen beitragen.

Als Kliniker oder Sozialdienstleister hören wir uns in der Regel die Bedürfnisse und Umstände unserer Klienten an, um einen individuellen Hilfeplan (oder Behandlungsplan) zu erstellen. GIRAs Ziele sind im Wesentlichen die gleichen. Es beinhaltet die Entwicklung eines Instruments, des „Successful Immigrant Resettlement Inventory" (SIRI), das die primären Dimensionen, die in diesem Buch besprochen werden, bewertet und die entsprechend gezogenen Informationen nutzt, um die individuellen Bedürfnisse und Umstände einer Person zu eruieren.

SIRI umfasst ganz spezifisch grundlegende demografische Informationen und geht dann auf akkulturative/psychosoziale Stressoren, Offenheit für akkulturative und adaptive Prozesse, psychologische und Verhaltenstendenzen (einschließlich Persönlichkeitsmerkmale und Resilienz), den physischen Gesundheitszustand und Beschäftigungs-/Karriereorientierungen ein. Sowohl Zuwanderer als auch Menschen, die ihnen helfen, können diese Informationen dann nutzen, um einen umfassenden und personalisierten Weg zum Erfolg zu entwickeln.

Darüber hinaus sind wir der Meinung, dass diese Art der Messung einen Nutzen haben kann, der die juristischen Verfahren in Einwanderungsfällen unterstützt. Beispielsweise fehlen den Asylbewerbern oft Dokumente, die ihre schwierige Geschichte „belegen". Die Überprüfung psychischer Symptome, die mit traumakausalen Störungen übereinstimmen, kann die Glaubwürdigkeit von legitimen Asylbewerbern erhöhen.

Kurz gesagt, SIRI kann für Nichtregierungsorganisationen (NGOs), gemeindebasierte Organisationen (CBOs), Regierungsstellen, Bildungssysteme und andere als Beurteilungs- und Serviceplanungswerkzeug dienen. Mit greifbaren Ergebnissen können Menschen, die an der Front arbeiten, Immigranten helfen, indem sie die richtigen Dienste identifizieren und nutzen. Diese Herangehensweise kann einen hindernisfreieren Akkulturationsprozess fördern und ermöglichen, indem er Menschen bei der Überwindung von Akkulturations- und Wiedereingliederungsbarrieren unterstützt. Zum Beispiel hat ein SIRI-Bericht das Potenzial, die Lebensqualität und positive soziale Beiträge zu verbessern, und zwar durch die Entwicklung effektiver Beschäftigungs-/Bildungspläne für Zuwanderer, die diese Form von Hilfe benötigen.

Ganz allgemein können die Informationen von SIRI die Einwanderungspolitik beeinflussen. Es kann so aufgezeigt werden, welche Arten von Dienstleistungen in bestimmten Gebieten und für bestimmte Personen am dringendsten benötigt werden. Das wiederum kann uns helfen, Gelder und andere Ressourcen genau dort einzusetzen, wo sie den größten Nutzen bringen bewirken.

Zur gleichen Zeit könnte eine mehr-/ vielfache Beurteilung von Immigranten auch schwierige Fragen aufs Tapet bringen. Was ist, wenn die Gruppe Personen mit kriminellen und sogar terroristischen Risikofaktoren umfasst? SIRI ist kein Maßstab, an Hand dessen man einen Terroristen in einer Menschenmenge finden kann. Aber bei ordnungsgemäßer Anwendung können damit Wege aufgezeigt werden, wie das Radikalisierungsrisiko, speziell bei Menschen, die für sich keine Zukunft erkennen, gesenkt werden kann.

Viele Menschen, vor allem aus dem Nahen Osten, Nordafrika und anderen zumeist muslimischen Ländern, zögern vor Gesprächen über Radikalisierung, und das aus guten Gründen. Sie befürchten, stereotypisiert zu werden, weil ihnen das auch schon passiert ist. Viele sind selbst Opfer von Terroristen geworden. Sie kennen also die damit verbundenen Gefahren aus erster Hand. Doch in ihrer Wahlheimat werden sie oft mit genau den Menschen in einen Topf geworfen, vor denen sie geflohen sind. Das dürfte dann wohl im besten Fall verwirrend sein. Ebenso gibt es viel zu viele öffentliche Kommentare über Menschen aus Mexiko und Mittelamerika, die die eigentlichen Opfer von Kriminellen als „die" Kriminellen bezeichnen.

Dennoch können auch echte Bedenken vorliegen. Auch wenn nur eine sehr kleine Anzahl von Einwanderern Kriminelle und/oder Terroristen sind, müssen wir nur die Geschichte der Anschläge in den USA, Großbritannien, Spanien, Frankreich, Österreich und vielen anderen Ländern reflektieren, um zu wissen, dass ein paar Radikale viel Tod und Zerstörung verursachen können. Angesichts dieser Realität müssen wir die Fakten rund um die Radikalisierung besser verstehen lernen. Besteht ein substanzieller Zusammenhang zwischen Straftaten und Einwanderung? Wer wäre am ehesten geneigt, sich kriminellen/

terroristischen Gruppen anzuschließen? Sind Maßnahmen unsererseits möglich, um Menschen von solchen Entscheidungen abzubringen?

Kriminelle Aktivitäten unter Zuwanderern

In einigen Ländern ist das Ausmaß der Kriminalität unter im Ausland geborenen Personen geringer als unter der inländisch geborenen Bevölkerung. Informationen des US Bureau of Justice Statistics belegen, dass Insassen ohne Staatsbürgerschaft in Staats- und Bundesgefängnissen weniger als 6 % der gesamten Gefängnispopulation ausmachen. Alex Nowrasteh, Direktor für Einwanderungsstudien am Cato Institute, kam zu dem Schluss, dass „die kriminellen Verurteilungs- und Verhaftungsraten für Einwanderer (selbst im Fall der Menschen ohne Papiere) deutlich unter denen der gebürtigen Amerikaner liegen".[111] Eine Gesamtanalyse von 51 US-Studien, die zwischen 1994 und 2014 zu diesem Thema veröffentlicht worden sind, ergab, dass Einwanderung, wenn überhaupt, eher mit reduzierten als mit erhöhten Kriminalitätsraten verbunden ist.[112] Die Gründe für diesen Trend sind nach wie vor kaum bekannt. Es gibt jedoch zahlreiche Beweise dafür, dass dies in der jüngeren Geschichte durchweg der Fall war.[113]

Untersuchungen zu diesem Thema in anderen Ländern der Welt haben gemischte Ergebnisse gezeigt. Kein Zusammenhang zwischen Einwanderungsstatus und Kriminalität wurde z. B. in Australien festgestellt.[114] In Italien fanden Studien heraus, dass im Ausland geborene Personen von 1990-2003 tendenziell etwas häufiger Raubüberfälle begingen.[115] Aber die Kriminalitätsrate insgesamt unter den nicht-einheimischen Einwohnern sank dann zwischen 2007 und 2016 um 65 %.[116] Ähnlich dazu stellte eine Studie in Großbritannien fest, dass die lokale

Gefängnispopulation nicht wesentlich anstieg, weil Ausländer ein schweres Verbrechen begangen hatten.[117]

Andererseits haben Untersuchungen in Deutschland, Norwegen, Spanien und einigen anderen Ländern über höhere Kriminalitätsraten berichtet, die auf Immigranten zurückgeführt werden, auch wenn in einigen Fällen nur relativ geringe Anstiege festgestellt wurden.[118,119,120]

Besteht überhaupt eine Möglichkeit, die Dinge in den Griff zu bekommen, wenn die Kriminalitätsrate ein Problem ist? Einige Studien in der EU haben herausgefunden, dass für Menschen ohne Papiere einen legalen Status einzuräumen die Kriminalität reduzieren kann.[121] Dies kann passieren, weil ein legaler Status mehr wirtschaftliche Möglichkeiten freigibt und allgemein Ängste und Frustrationen für die Menschen senkt.

Verbrechen gegen Immigranten

Die Kehrseite dieses Bildes zeigt die Sorge, dass Einwanderer zu oft eher Opfer als Täter von Verbrechen sind. Menschen, die vor Krieg und Verfolgung fliehen, können sehr anfällig für Missbrauch und Ausbeutung sein. Zum Beispiel sind 75 % oder mehr der syrischen Flüchtlinge gefährdete Frauen und Kinder. Selbst wenn sie es in die Flüchtlingslager schaffen, befürchten viele, dass sie dort vom Personal und anderen misshandelt werden. Einige weibliche Flüchtlinge werden schließlich sexuell ausgebeutet unter der Vorgabe, dass dies die einzige Möglichkeit sei, finanziell zu überleben.[122]

In engem Zusammenhang mit dieser Situation ist der Sexhandel. Die American Civil Liberties Union (ACLU) berichtet, dass es sich in den USA bei fast allen Opfern von Sexhandel um durchschnittlich 20jährige Immigrantinnen handelt. Vor allem gefährdet sind Frauen mit unzureichender Bildung, limitierten

Englischkenntnissen und ohne Wissen über den gesetzlichen Arbeitsschutz in den USA.[123]

Auch aus anderen Teilen der Welt sind Berichte über das Schikanieren von Einwanderern bekannt. So stellte etwa eine Studie in Südafrika fest, dass 85 % der untersuchten im Ausland geborenen Personen Opfer von Verbrechen geworden waren. Zu den häufigsten Verbrechen zählten Einbrüche in Wohnungen und Plünderungen von Geschäften von Einwanderern.[124]

Weitere kriminelle Aktivitätstypen, mit denen Zuwanderer konfrontiert werden, sind Raubüberfälle während der Migration und Hassverbrechen. Unsere Untersuchungen sowie andere Studien belegen jedoch, dass Opfer derartige Vorkommnisse nur selten den Behörden melden, weil sie sich davor fürchten, die Aufmerksamkeit auf sich zu ziehen und noch mehr zum Opfer zu werden.

Radikalisierung und Terrorismus

Terrorismus ist in den Nachrichten allgegenwärtig. Obwohl die Anzahl der beteiligten Personen relativ gering ist, ist uns doch allen bewusst, dass ein Gewalttäter allein bereits für viele andere Menschen großes Unglück verursachen kann. Wie schon gesagt, ist es jedoch auch wahr, dass einige Einwanderergruppen aufgrund ihrer Religion und Kleidung nur zu oft pauschal als „Terroristen" stereotypisiert werden.[65]

Ob ein realer Zusammenhang zwischen Einwanderung und Terrorismus besteht, ist aber gar nicht ausreichend erforscht. Eine 2016er Studie ergab, dass ein höheres Maß an Migration mit einem geringeren Maß an Terrorismus im Gastland verbunden war. Zugleich steigern Migranten, die gerade eben aus terrorgefährdeten Staaten kommen, das Terrorismusrisiko im Gastgeberland.[125] Einige der letztgenannten Befunde betreffen

eventuell noch nicht einmal im Ausland geborene Personen. Als
wir 2019 an einer Konferenz in London teilnahmen, hörten wir
zum Beispiel anekdotische Befürchtungen, dass ISIS-Kämpfer,
die aus ihrem Gebiet in Syrien vertrieben worden waren, nach
Großbritannien kommen würden. Bei diesen handelte es sich
aber nicht unbedingt um „Ausländer". Manche waren Inhaber
eines britischen Passes auf dem „Heimweg".

Das Thema Radikalisierung ist hochkomplex. Gleich vorne-
weg: Es ist wichtig zu beachten, dass die Äußerung „radikaler"
oder „extremistischer" Überzeugungen nicht automatisch bedeutet, dass die betreffende(n) Person(en) Gewalt begehen
werden. Tatsächlich steht in einigen Nationen, einschließlich
der USA, die Äußerung radikaler Ideen ohne Androhung oder
Befürwortung von Gewalt unter dem Schutz der Verfassung
(Deutschland: Meinungsfreiheit - Art. 5 Grundgesetz/ USA:
Redefreiheit - Bill of Rights). Zum zweiten wurden terroristische Gewaltakte im Namen verschiedenster Ursachen begon-
gen. Das umfasst sowohl einheimische als auch internationale
Wurzeln. Die Massenerschießung vom 3. August 2019 in unserer alten Heimatstadt El Paso, Texas, wurde nicht von Einwanderern verübt, sondern von anti-mexikanischem Hass ausgelöst. Darüber hinaus bezeichnete das US Federal Bureau of
Investigation (FBI) den wachsenden gewalttätigen Extremismus
im Inland als die terroristische Bedrohung Nummer eins im
Jahr 2021.[126]

Um gewalttätigem Radikalismus entgegenzuwirken, müssen wir die Motivationen, Einstellungen, Weltanschauungen
und Denkprozesse von Terroristen verstehen. „Verstehen" ent-
schuldigt nicht oder findet keine Begründungen für ihr Verhalten. Vielmehr gilt das abgedroschene Sun Tzu-Zitat: (Para-
phrasiert) Erkenne dich selbst, erkenne deinen Feind, und du

wirst hundert Schlachten ohne Verlust gewinnen weist auf die Weisheit hin, zu erkennen, womit wir es zu tun haben, um effektive Gegenmaßnahmen zu finden. Verhaltenswissenschaftler (z.B. Psychologen) haben viel beizutragen, wurden aber in diesem Bemühen zu wenig hinzugezogen.[127]

Was sind denn ein paar Grundlagen zum Verständnis von Radikalisierung? Erstens ist es wichtig zu wissen, dass radikale Extremisten nicht alle einem Profil entsprechen. Diejenigen, die in Rekrutierungs- und Führungspositionen sind, werden zum Beispiel wahrscheinlich nicht selbst auf Selbstmordmissionen gehen, obwohl sie versuchen, andere zu gewinnen, die dazu bereit sind.[128] Zweitens ist Terrorismus nicht notwendigerweise mit psychischen Störungen verbunden, obwohl dies eine verbreitete Vermutung ist.[129,130]

Aber es gibt einige bekannte Risikofaktoren. Denjenigen, die anfällig für die Rekrutierung durch terroristische Gruppen sind, fehlt es oft an Selbstvertrauen und sie fühlen sich von der größeren Gesellschaft abgelehnt. Sie glauben, dass sie keinen Weg in eine gute Zukunft haben. Dann kommt ein Rekrutierer daher, der ihnen Zugehörigkeit, eine Art Familie und Brüderlichkeit und eine zentrale Rolle bei der Schaffung einer großen und gerechten neuen Welt verspricht. Selbst wenn sie sterben, wird ihnen 1) eine Belohnung im Jenseits versprochen und 2) dass man sich an sie als Märtyrer erinnern wird. Schließlich versprechen einige radikale Gruppen, sich nach dem Tod eines „Märtyrers" um die Familienangehörigen zu kümmern.[128] Dieses „Verkaufsargument" kann für jemanden, der das Gefühl hat, nirgendwo hin zu gehören und keine Zukunft zu haben, zutiefst attraktiv sein.

Was kann man tun, um dieser Art von Radikalisierungsrisiko zu begegnen? Eine der interessantesten Ansichten, die wir gehört haben, stammt vom Soufan Center. Diese Gruppe ist keine Sozialdienstorganisation, sondern besteht größtenteils aus Fachleuten der Strafverfolgung und des Nachrichtendienstes, die in nationalen und internationalen Agenturen gearbeitet haben.

Die Publikation „Syria; The Humanitarian Security Nexus"[47] des Soufan Centers aus dem Jahr 2017 argumentiert, dass humanitäre und sicherheitspolitische Belange von Flüchtlingen nicht getrennt voneinander behandelt werden können. Vielmehr sind sie zwei Seiten derselben Medaille. Menschen, die Hoffnung auf Akzeptanz, Chancen und eine positive Zukunft haben, sind viel eher in der Lage, den falschen Versprechungen radikaler Gruppen zu widerstehen. Dies kann nicht nur den Zuwanderern selbst helfen, sondern auch positive Auswirkungen auf ihre Kinder und Kindeskinder haben. Sozial- und Verhaltenswissenschaftler haben ähnliche Themen aufgegriffen, indem sie betonten, dass positive soziale und gemeinschaftliche Verbindungen, Unterstützung und Kooperation helfen können, gewalttätigen Extremismus zu vereiteln.[131]

Die Bereitstellung vielseitiger, organisierter, integrierter und koordinierter Wege für Zuwanderer kann ihnen eine Leiter zum verdienten Erfolg bieten. Unterstützung und Anleitung ist eher eine konstruktive als eine bestrafende Maßnahme. Aber es setzt voraus, dass wir im Vorfeld eine gute Einschätzung der Bedürfnisse und Umstände der Menschen haben. GIRA versucht, eine solche Beurteilung zu fördern.

Fragen

- Wenn Sie Opfer eines Verbrechens wären, würden Sie sich wohl dabei fühlen, die Polizei oder andere Behörden zu benachrichtigen? Wenn nicht, welche Maßnahmen der

Strafverfolgungsbehörden würden Ihnen mehr Vertrauen geben, dass die Anzeige einer Straftat ein gutes Ergebnis für Sie haben würde?
- Haben Sie das Gefühl, Vorurteilen und Hass ausgesetzt zu sein?
- Was lässt Sie durchhalten, auch wenn Sie negative Erfahrungen gemacht haben?

Ressourcen

- Viele Organisationen helfen Mitgliedern von radikalen Gruppen, die desillusioniert sind und dieses Leben verlassen wollen. Diese Organisationen behandeln sowohl internationale Terroristen als auch lokale rechtsgerichtete Hassgruppen.
- Um mehr über die Bekämpfung von gewalttätigem Extremismus zu erfahren, lesen Sie bitte einen Überblick zum Thema unter: https://www.mei.edu/publications/deradicalization-programs-and-counterterrorism-perspective-challenges-and-benefits.

10

DIE COVID-19-PANDEMIE

Während wir dieses Buch in unserem Haus in Kalifornien schreiben, haben wir bisher zwei Lockdowns erlebt. Unser Gouverneur berichtet, dass es angesichts der derzeitigen COVID-19-Infektions-, Krankheits- und Sterblichkeitsraten im Interesse der öffentlichen Gesundheit ist, unsere Aktivitäten weiterhin einzuschränken. In den USA gab es Abriegelungen, überfüllte Krankenhäuser und mehr Todesfälle pro Kopf als irgendwo sonst auf der Welt. COVID-19 mutiert (oft als „Varianten" bezeichnet), und wann diese Pandemie abklingen wird, ist noch unklar.

Da wir beide zusammen 22 Jahre lang (1997-2008) an der Graduate School of Public Health der San Diego State University geforscht haben, nehmen wir die Pandemiedaten und die Beratung durch Experten und Wissenschaftler für Infektionskrankheiten sehr ernst. Wir haben uns nur vor die Tür getraut, wenn es nötig war. In seinem Kapitel werden wir einige Punkte, die in früheren Teilen dieses Buches skizziert wurden, weiter beleuchten und darauf eingehen, wie sich diese Themen bisher am Beispiel von COVID-19 abgespielt haben.

Das Coronavirus (SARS-CoV-2), welches die COVID-19-Pandemie in den Jahren 2019, 2020, 2021 und möglicherweise darüber hinaus verursacht hat, hat tiefgreifende Auswirkungen auf unsere Welt gehabt. Es ist ein beispielloses Ereignis zu unseren Lebzeiten. Dennoch wissen wir historisch, dass Pandemien nicht neu in der menschlichen Erfahrung sind. Im Römischen Reich starben zwischen 165 und 168 n. Chr. ca. 5 Millionen Menschen, vermutlich an den Pocken. Marcus Aurelius, der damalige Kaiser, nannte sie die „Plage des Galen" (Antoninische Pest). Es wird angenommen, dass die Krankheit von Truppen, die in Westasien kämpften, nach Rom gebracht wurde. Mit anderen Worten: Sie verbreitete sich, wie heute Infektionskrankheiten, über weite Regionen durch menschlichen Kontakt. Die Beulenpest tötete zwischen 1347 und 1352 schätzungsweise 25 Millionen Menschen. In jüngerer Zeit haben Grippeausbrüche wie die Spanische Grippe bis 1919 etwa 50 Millionen Todesfälle verursacht.

Es gab sicherlich andere Pandemien zwischen den frühen 1900er Jahren und COVID-19. Dazu gehören SARS, die Schweinegrippe, Ebola, MERS und AIDS. Aber in einem Zeitalter, in dem wir dazu neigen, davon auszugehen, dass die moderne Medizin über unsere Gesundheit wacht, hat keines eine so universelle Wirkung wie COVID-19 gehabt. Abgesehen von den direkten körperlichen Folgen der Krankheit, haben wir eine Vielzahl von wirtschaftlichen und sozialen Störungen in unserem täglichen Leben erfahren. Es ist nicht überraschend, dass dies viel Elend verursacht hat.

Forscher, die US-weite Daten nutzten, fanden beispielsweise heraus, dass Erwachsene im April und Mai 2020 dreimal häufiger über Angstzustände, Depressionen oder beides berichteten als in der ersten Jahreshälfte 2019.[132] Darüber hinaus ergab eine Studie der Rand Corporation aus dem Jahr 2020 einen Anstieg der nationalen Alkoholverkäufe in den USA um 54 % im Vergleich zu den Zahlen vor COVID.[133] Ähnliche Muster wurden weltweit berichtet. Gleichzeitig kam ein Bericht der Weltgesundheitsorganisation (WHO) aus dem Jahr

2020 zu dem Schluss, dass die Pandemie die psychische Gesundheitsversorgung erheblich beeinträchtigt hat, insbesondere in Ländern, die nicht über die nötige Infrastruktur verfügen, um Telemedizin als Alternative zur persönlichen Hilfe in vollem Umfang zu nutzen.[134]

Eine Pandemie ist definiert als eine Krankheit, die sich über mehrere Länder ausgebreitet hat und dabei eine große Anzahl von Menschen betroffen hat. Da sie keine internationalen Grenzen kennt, sind Migrationsmuster und -ergebnisse ein wichtiger Aspekt. Dazu gehören auch gesundheitliche und psychische Schwachstellen, mit denen Zuwanderer konfrontiert sind. Gleichzeitig dürfen die positiven Beiträge, die Zuwanderer während einer Gesundheitskrise für unsere Gesellschaft leisten, nicht übersehen werden.

In diesem Kapitel erörtern wir sowohl die Beiträge, die Zuwanderer in ihren neuen Gesellschaften geleistet haben, als auch die Risiken, denen sie dabei ausgesetzt sind, und das in einer Zeit, in der die Menschen weltweit einen Mangel an Fachkräften im Gesundheitswesen erleben. Wir werden Empfehlungen für strategische Lösungen für die Folgen von Pandemien auf internationaler Ebene in der Zukunft geben. Es folgen einige Beispiele aus der Praxis, die das Zusammenspiel von COVID-19 und kulturellen/akkulturellen Faktoren in der klinischen Praxis zeigen. Abschließend stellen wir einige Fragen, die Sie als Leser sich selbst stellen können.

Zugewanderte Bevölkerungsgruppen: Auswirkungen und Schwachstellen

Diejenigen, die Statistiken für verschiedene Bevölkerungsgruppen verfolgen, sagen uns, dass Wanderarbeiter in der Regel an vorderster Front auf die COVID-19-Pandemie reagieren. Laut dem Faktenblatt vom März 2020 des Migration Policy Institute (MPI), einer 2001 gegründeten überparteilichen Denkfabrik, tragen 6 Millionen eingewanderte Arbeitskräfte dazu bei, dass die Einwohner der USA in dieser Zeit gesund und ernährt sind.[135]

Konkret berichtet das MPI, dass Zuwanderer einen erheblichen Beitrag leisten, sowohl direkt zum Gesundheitswesen als auch zu anderen wichtigen Dienstleistungen. Hier einige spezifische Zahlen: Menschen, die als im Ausland geboren identifiziert wurden, machen einen beachtlichen Prozentsatz der Berufe aus, die direkt auf die Pandemie reagieren. Dazu gehören 29 % aller Ärzte und 38 % der häuslichen Krankenpfleger. Einwanderer stellen auch eine beträchtliche Anzahl der Arbeitskräfte, die Krankenhauszimmer reinigen, in Lebensmittelgeschäften arbeiten und Lebensmittel produzieren.

Im April 2020 schrieb das MPI außerdem, dass 2,1 Millionen Einwanderer in den USA in der Lebensmittelproduktion arbeiten. Diese Jobs umfassen den Anbau, die Ernte, die Verarbeitung und den Verkauf von Lebensmitteln. Im Ausland geborene Menschen spielen eine wesentliche Rolle bei der Ernährung Amerikas. Zwischen 2014 und 2018 machten sie 22 % der Arbeiter in der US-Lebensmittelversorgungskette aus, die den Anbau, die Ernte, die Verarbeitung, den Transport und den Verkauf von Lebensmitteln an US-Familien umfasst.[136]

Vom Feld bis auf den Tisch: Einwanderer stellen 30 % aller Beschäftigten in der Landwirtschaft, 27 % der Beschäftigten in der Lebensmittelproduktion, 17 % der Beschäftigten im Transportwesen, 23 % der Beschäftigten im Großhandel mit Lebensmitteln und landwirtschaftlichen Erzeugnissen, 37 % der Beschäftigten in der fleischverarbeitenden Industrie, 34 % der Beschäftigten in kommerziellen Bäckereien, 31 % der

Beschäftigten in der Obst- und Gemüsekonservenindustrie und 26 % der Beschäftigten in der Meeresfrüchte verarbeitenden Industrie dar. In den USA arbeiten schätzungsweise 483.000 im Ausland geborene Menschen auch in Lebensmittelgeschäften. Dies entspricht 16 % der fast 3 Millionen Beschäftigten im Lebensmitteleinzelhandel. Die aktuelle Pandemie lehrt uns also, dass viele Menschen, die wir für weniger qualifiziert halten, in Wirklichkeit entscheidend für die Gesundheit einer Volkswirtschaft sind und als Schlüsselarbeiter dazu beitragen, sie durch eine Krise zu bringen.[136]

Aus offensichtlichen Gründen ist die Verfügbarkeit von medizinischem Personal auch während der COVID-19-Pandemie ein wesentlicher Aspekt. Da das Virus internationale Auswirkungen hat, müssen wir uns damit beschäftigen, wie diese Verfügbarkeit auf breiter Ebene aussieht.

Eine Informationsquelle ist die Organisation für wirtschaftliche Zusammenarbeit und Entwicklung (OECD), ein zwischenstaatliches Wirtschaftsgremium. Die OECD stellt fest, dass jeder sechste Arzt in ihren 37 Mitgliedsländern im Ausland studiert hat. Dieser Trend nimmt zu. Im letzten Jahrzehnt stieg die Zahl der im Ausland geborenen Ärzte und Krankenschwestern um 20 %. Anhand konkreter Beispiele ist es bemerkenswert, dass Zuwanderer in Großbritannien 12 % der Beschäftigten im Gesundheitswesen ausmachen und in den Vereinigten Staaten 17 % dieser Fachkräfte. Eine Studie von Abbas Adjani vom 2. Dezember 2019 kommt zu dem Schluss, dass das Vereinigte Königreich (UK) eine der höchsten Zahlen von im Ausland geborenen Ärzten und Krankenschwestern hat. Unter den anderen EU-Ländern machten die im Ausland geborenen Ärzte in Schweden, Dänemark und Deutschland mehr als 20 % aller Ärzte aus. Im Ausland geborene Krankenschwestern bringen es in Österreich, Lettland und Deutschland auf mehr als 15 % des gesamten Pflegepersonals.[137]

Solche Fachkräfte mit Migrationshintergrund sind überproportional häufig in Berufen der Pandemieabwehr an vorderster Front beschäftigt. Kurz gesagt: Migranten stehen mit größerer Wahrscheinlichkeit an der Front der COVID-19-Bekämpfung als jedes andere Gesundheitspersonal.[138]

Zusammenfassend lässt sich sagen, dass eine signifikante Anzahl von im Ausland geborenen Menschen in den Bereichen Lebensmittelproduktion/Dienstleistung und Gesundheitswesen beschäftigt ist. Sie leisten einen großen Beitrag zu unserem Wohlbefinden. Doch aufgrund der Art ihrer Arbeit sind diese Arbeiter einem besonderen Risiko ausgesetzt, sich mit COVID-19 zu infizieren. Zu oft opfern sie ihre Gesundheit und sogar ihr Leben im Dienst an anderen. So waren laut Amnesty International 30,5 % der Coronavirus-Toten unter den 1.077 zu diesem Zeitpunkt (September 2020) verstorbenen Mitarbeitern im Gesundheitswesen außerhalb der Vereinigten Staaten geboren.[139]

Das bereits bestehende Problem

Schon bevor COVID-19 auftrat, zeigten Statistiken, dass es nicht genug verfügbares Gesundheitspersonal gibt. So schätzt die Weltgesundheitsorganisation (WHO) den weltweiten Mangel an solchen Arbeitskräften auf 4,3 Millionen Ärzte, Krankenschwestern und andere Gesundheitsfachkräfte. Dieser Mangel ist in Entwicklungsländern oft am deutlichsten zu spüren, da es dort nur eine begrenzte Anzahl von Bildungseinrichtungen gibt, die die benötigten Fachkräfte ausbilden und schulen können. Ländliche Gebiete können aufgrund ihrer abgelegenen Lage besonders stark betroffen sein.

Auch die entwickelte Welt ist vor solchen Problemen nicht gefeit. So gibt es in Großbritannien schätzungsweise 44.000 offene Stellen in der Pflege. Wenn sich der aktuelle Trend fortsetzt, könnte diese Zahl in den nächsten zehn Jahren durchaus hunderttausend (100.000) erreichen. Die Global Burden of Disease Study von 2017 schätzte außerdem, dass die USA bis 2021 1 Million mehr Krankenschwestern benötigen würden. In Bezug auf die Anzahl der Ärzte in den USA wurde der voraussichtliche Mangel bis 2032 auf 46.900 bis 121.900 geschätzt.[140] Dies ist zum Teil auf den steigenden medizinischen Bedarf einer alternden Bevölkerung zurückzuführen.

Der Mangel an Ärzten und Pflegekräften kann sich erheblich negativ auf die Qualität der Versorgung auswirken. Sie können die Zeit verkürzen, die ein Anbieter für die Interaktion mit den Patienten zur Verfügung hat, die verfügbaren Ärzte überlasten und damit belasten, die Wartezeiten für Dienstleistungen erhöhen, die Anzahl der verfügbaren Krankenhausbetten verringern und die Kosten für das Gesundheitswesen in die Höhe treiben.[141] Es überrascht nicht, dass das Ergebnis klinisch schlechtere und weniger zeitnahe Leistungen für die Patienten sind.

Während der COVID-19-Pandemie wird der Mangel an medizinischem Personal wahrscheinlich noch drängender werden. Der Bedarf an Dienstleistungen steigt dramatisch und das Gesundheitspersonal selbst infiziert sich. Jüngsten Zahlen gemäß sind Ärzte und Krankenschwestern für 15 % der Infektionen in Wuhan, China, 14 % in Spanien und 10 % in Italien verantwortlich. Laut einem Artikel von Amnesty International vom 3. September 2020 waren zu diesem Zeitpunkt weltweit mindestens 7.000 Mitarbeiter des Gesundheitswesens nach einer Infektion mit COVID-19 gestorben. Darunter waren 1.320 aus Mexiko, 1.077 aus den USA, 634 aus Brasilien, 240 aus Südafrika und 573 aus Indien.[139] Dies sind die besten Zahlen, die verfügbar sind, während wir dieses Buch schreiben. Sie werden sicherlich weiter zunehmen, bis die Pandemie abklingt.

Wie diese Zahlen zeigen, haben zugewanderte Mitarbeiter des Gesundheitswesens wesentliche Funktionen bei der Bereitstellung kritischer Pflege neben ihren einheimischen Kollegen, insbesondere während einer Pandemie. Im Ausland geborene Ärzte spielen eine besonders große Rolle bei der Gesundheitsversorgung in ländlichen und benachteiligten Gemeinden. Sie bedienen auch tendenziell mehr ältere und behinderte Menschen in Pflegeheimen und anderen Langzeitpflegeeinrichtungen. In den USA gibt es im Jahr 2020 schätzungsweise 29.000 Personen, die unter die Deferred Action for Childhood Arrivals (DACA)-Politik fallen. Wie sich die US-Einwanderungspolitik auf diese Arbeiter auswirken wird, ist unklar. Sicher ist aber, dass sie derzeit eine zunehmend kritische Rolle in der US-Gesundheitsinfrastruktur spielen.[140]

In Anbetracht all der oben beschriebenen Umstände sollte COVID-19 ein Weckruf sein. Die Geschichte lehrt uns, dass dies nicht die letzte Pandemie ist, der die Menschheit begegnen wird. Auch bei der aktuellen Pandemie ist es wahrscheinlich, dass weitere Ausbrüche in verschiedenen Teilen der Welt auftreten werden. Können wir lernen, wie wir uns besser vorbereiten? Welche Lehren können wir daraus ziehen? Welche Rolle spielen die Zuwanderer bei der Entwicklung dieser Pläne?

Was es zu beachten gilt

Alles deutet darauf hin, dass Pandemien in Zukunft immer häufiger auftreten werden. Dies ist wahrscheinlich auf die zunehmende globale Reisetätigkeit und Integration, die Verstädterung, die veränderte Landnutzung und die stärkere Nutzung der natürlichen Umgebung zurückzuführen. Angesichts unserer alternden Bevölkerung haben mehr Menschen Grunderkrankungen, so dass sie anfälliger für schwere und sogar lebensbedrohliche Symptome sind.

Wenn nicht eingegriffen wird, wird die alternde und wachsende Bevölkerung auf einen noch größeren Mangel an Gesundheitspersonal treffen als es heute der Fall ist. Die Weltgesundheitsorganisation schätzt, dass die Welt bis 2030 zusätzlich 15 Millionen solcher Arbeitskräfte benötigt. Einwanderer können dazu beitragen, diese Defizite auszugleichen.

Gibt es Lösungen? Wie der Philosoph Platon im antiken Griechenland gesagt haben soll: „Die Notwendigkeit ist die Mutter der Erfindung." (Not macht erfinderisch) COVID-19 hat uns gezeigt, dass traditionelle Barrieren, die im Ausland geborene Fachkräfte im Gesundheitswesen daran hindern, ihren Beruf in einem neuen Land auszuüben, überwunden werden können. Angeregt durch den COVID-19-Notfall haben viele Länder die Beschränkungen für im Ausland ausgebildetes und im Ausland geborenes Gesundheitspersonal in Ländern mit hohem Einkommen aufgeweicht, um diese Krise besser bewältigen zu können. Es gibt Berichte, dass sogar medizinisches Personal aus Übersee in die schwer betroffenen Länder geflogen wurde (z. B. wurden chinesische, kubanische und albanische Ärzte nach Italien geschickt). Flüchtlingsärzte ohne örtliche Zulassung wurden in Deutschland einberufen und in Großbritannien wurde ihre Einwanderung beschleunigt. In den Vereinigten Staaten erlaubte die Stadt New York die Arbeit von im Ausland ausgebildeten Ärzten. Es gibt sicherlich einen langfristigen Präzedenzfall für die Aufnahme von internationalem

Gesundheitspersonal, wenn es einen lokalen Mangel gibt. Zum Beispiel ist eine beträchtliche Anzahl philippinischer Krankenschwestern in die USA eingewandert, größtenteils in den 1960er Jahren im Rahmen des damaligen Exchange Visitor Program.

Hier sind einige grundlegende Empfehlungen für die Zukunft:

Empfehlungen

Wenn wir die Fakten und nicht die Politik betrachten, müssen wir anerkennen, dass die COVID-19-Pandemie die Welt auf dem falschen Fuß erwischt hat. Wir waren nicht darauf vorbereitet, die Krankheit zu verhindern, zu minimieren oder effektiv zu behandeln. Um in Zukunft Krankheiten und sogar Todesfälle in einem solchen Ausmaß zu vermeiden, müssen wir gut entwickelte und effektive Systeme einrichten. Diese sollten zumindest 1) Frühwarnmethoden beinhalten, die uns bei Ausbrüchen alarmieren, sobald sie auftreten, 2) die lokalen und internationalen Pfade der Krankheit verfolgen, 3) Wege mobilisieren, um die Ausbreitung einzuschränken, 4) die Öffentlichkeit umfassend über bekannte Besonderheiten rund um die Krankheit informieren und darüber, wie die Menschen sich schützen können, 5) ein System haben, das Behandlungen und Gesundheitsressourcen (sowohl Anbieter als auch Material) dorthin lenkt, wo sie am meisten benötigt werden, und 6) die Forschung aktivieren, die den Erreger einschließlich der Übertragungswege identifiziert, um wirksame Präventivmaßnahmen (z. B. Impfstoffe) und Behandlungen zeitnah, aber sicher zu entwickeln.

Einige, wenn nicht sogar alle dieser Maßnahmen erfordern eine weltweite Koordination. Die internationalen Erfahrungen, die Einwanderer mitbringen, können uns helfen, gute Entscheidungen zu treffen. Sie können auch gute Behandlungsergebnisse ermöglichen.

Neben der Verringerung eines grundsätzlichen Mangels an Leistungserbringern können im Ausland ausgebildete Ärzte, Krankenschwestern und -pfleger sowie andere Fachkräfte des Gesundheitswesens und Wissenschaftler beispielsweise über hilfreiche Kenntnisse über die nationalen und kulturellen Gegebenheiten rund um die Gesundheit in ihrem Herkunftsland verfügen. Dies kann Informationen über das Vertrauen oder Misstrauen gegenüber Impfstoffen beinhalten. Personen aus verschiedenen Nationen haben nicht notwendigerweise Bedingungen erlebt, die zu einem Misstrauen gegenüber der Gesundheitsforschung unter „Communities of Color" in den USA führen. Das Wissen über unterschiedliche Erfahrungen mit Impfstoffen in verschiedenen Ländern wird benötigt, um gezielte Aufklärungsbemühungen zu gestalten.

All dies wird von uns verlangen, unsere bestehenden Gesetze und Richtlinien zu überdenken. In den USA zum Beispiel haben die jüngsten Änderungen der Visapolitik (z.B. H-1B) die Einreise von medizinischen Fachkräften und wissenschaftlichen Experten erschwert.[142] Anstatt Barrieren zu errichten, müssen die politischen Entscheidungsträger Systeme aufbauen, die die schnelle Mobilität von medizinischem Personal erleichtern. Dies würde es den Ländern im Erlass erlauben, Gesundheitspersonal dorthin zu schicken, wo es zu einem bestimmten Zeitpunkt am meisten gebraucht wird.

Sogar innerhalb einiger Länder gibt es verschiedene Rechtsprechungen mit unterschiedlichen Anforderungen und Verfahren für die Zulassung im Gesundheitswesen. In den USA zum Beispiel werden die Anbieter eher von den einzelnen

Bundesstaaten als auf nationaler Ebene lizenziert. Wir vermuten stark, dass dieses System eher von regionaler Politik als von einer echten Qualitätskontrolle angetrieben wird. Wie bereits erwähnt, wurden einige dieser Probleme während des COVID-19-Notfalls vorübergehend ausgesetzt. Unter der Annahme, dass es keine negativen Folgen gab, sollten mehr standardisierte (und vernünftige) Anforderungen in Betracht gezogen werden.

Ein interessantes Konzept ist es, die weltweite Verfügbarkeit von medizinischem Fachpersonal durch bilaterale Ausbildungsabkommen zwischen Nationen zu erhöhen. Dies würde es den Universitäten ermöglichen, Anbieter für die spezifischen Bedürfnisse und Umstände von mehr als einem Land auszubilden. Ein solches Modell ist die Global Skills Partnership.[142] Es ermöglicht die Verteilung von Arbeitskräften an Orte, wo sie am meisten gebraucht werden. Die Länder schließen sich zusammen, um integrierte Technologie und Finanzierung bereitzustellen. Im Dezember 2018 haben 163 Staaten den Global Compact for Migration verabschiedet. Globale Qualifikationspartnerschaften sind die einzige spezifische politische Idee, die in dieser Vereinbarung enthalten ist. Insgesamt umfasst die Partnerschaft 6 Hauptdimensionen. Diese sind:

1. Beschäftigung mit dem zukünftigen Migrationsdruck (z. B. Integration ausländischer Fachkräfte in den Aufnahmeländern und den damit verbundenen fiskalischen Auswirkungen). Die Pläne können dann Wege aufzeigen, um den daraus resultierenden Abfluss von Fachkräften in den Herkunftsländern zu verringern.

2. Einbeziehung von Arbeitgebern im Gast- und Heimatland, die spezifische Fähigkeiten identifizieren und ausbilden. Dies verbessert die allgemeine Lernkurve des

Gesundheitspersonals und beschleunigt so den Zugang zu den bedürftigsten Bevölkerungsgruppen.

3. Mögliche Bildung öffentlich-privater Partnerschaften, um Menschen effektiv für angelernte Berufe auszubilden, für die kein Universitätsabschluss erforderlich ist.

4. Die Fähigkeiten von Arbeitnehmern können geschaffen oder verbessert werden, bevor die Menschen abwandern.

5. Möglichkeit zur Integration einer Ausbildung für Migranten mit der Ausbildung für Nicht-Migranten im Heimatland. Während dieser Prozess diverse Bedürfnisse anspricht, kann er auch ein breiter aufgestelltes Lernen zwischen beiden Gruppen fördern.

6. Steigerung der Flexibilität, so dass im Idealfall die Fähigkeiten an die spezifischen Bedürfnisse des Heimat- und Gastlandes angepasst werden.

Die Entwicklung einer koordinierten Reaktion auf einen Notfall ist nicht neu. In Kalifornien unterstützen sich zum Beispiel verschiedene Feuerwehrwachen gegenseitig bei großen Waldbränden. Pandemien verlangen denselben Ansatz, nur in einem umfangreicheren Maßstab.

Klinische Praxis während COVID-19

Wie wir zu Beginn dieses Kapitels bereits erwähnt, hat COVID-19 sowohl unsere körperliche als auch unsere geistige Gesundheit beeinträchtigt. Lassen Sie uns ein paar Beispiele aus dem wirklichen Leben teilen, die zeigen, wie die klinische Arbeit mit Migrantenpopulationen während der Pandemie ausgesehen hat. Es überrascht nicht, dass wir unsere Praktiken anpassen mussten, während wir gleichzeitig Qualität, Kontinuität und kulturelle Kompetenz beibehalten, wenn wir in dieser kritischen Zeit mit Menschen arbeiten. Die folgenden Beispiele sind der Arbeit von Dolores Rodríguez-Reimann entnommen.

Zu einem bestimmten Zeitpunkt bestehen etwa 45 bis 70 Prozent meiner klinischen Praxis aus Patienten mit Migrationshintergrund. Nicht wenige leben und arbeiten auf beiden Seiten der US-Mexiko-Grenze. Viele wurden in Tijuana, Mexiko, geboren und haben ihr ganzes Leben auf der mexikanischen und/oder amerikanischen Seite der Grenze gelebt. Andere sind gebürtige US-Bürger, die im Ruhestand in Mexiko leben, weil dort das Wohnen und die Lebenshaltungskosten günstiger sind.

Dies ist nicht verwunderlich, da San Diego und Tijuana eine lebhafte und verflochtene Wirtschaft haben. Der Haupteinreisehafen, der beide Länder verbindet, ist der viertgrößte Landgrenzübergang der Welt. Unter normalen Umständen überqueren täglich etwa 70.000 Fahrzeuge und 20.000 Fußgänger die Grenze in Richtung Norden.

Der Betrieb einer Praxis in diesem Umfeld bringt sowohl Herausforderungen als auch Anerkennung mit sich. Weiter oben in diesem Buch haben Sie gelesen, dass kulturelle Traditionen, einschließlich Gesundheitspraktiken, oft Schutzfaktoren für Einwanderergemeinschaften darstellen (z. B. der Genuss von „*Nopales*", einer in der Latino-Kultur üblichen Speise). Doch manchmal können kulturelle Traditionen mit neuen Realitäten kollidieren. Dies kann Einzelpersonen und ihre Familien in Aufruhr und Verzweiflung versetzen. Die folgenden Beispiele veranschaulichen diesen Punkt.

Traditionen

Am 22. April 2020 waren die Nachrichten besonders düster. Früher am Tag als Teil unseres neuen Morgenrituals, suchten meine Familie und ich nach den neuesten Informationen über „das Virus". Während sich der nationale Trend an einigen Orten verbesserte, stieg in anderen Gebieten die Zahl der infizierten, erkrankten und sterbenden Menschen sprunghaft an. All dies geschah vor dem Hintergrund zunehmender Proteste, bei denen die Menschen die „Öffnung des Staates/Landes" forderten.

An diesem Morgen hatte die Gesundheitsbehörde von San Diego County gerade 15 neue Todesfälle durch das Coronavirus bekannt gegeben. Die Schlagzeilen lauteten: „Höchste Tagesrate aller Zeiten" Die Gesamtzahl der neuen Fälle im County betrug 2.434, darunter 87 Todesfälle. Meine Familie und ich waren auch alarmiert, als wir erfuhren, dass nach den neuesten Daten die Coronavirus-Fälle unter den Bewohnern der South Bay weiterhin schneller ansteigen als in anderen Gebieten. Die Fälle im Gebiet San Ysidro stiegen zwischen dem 14. und 20. April um 111 % von 32 auf 59 Fälle. Im Vergleich dazu verdoppelte sich die Zahl der Coronavirus-Fälle im gesamten Gebiet von San Diego County alle 24 Tage. In der Region Otay Mesa gab es 132 Fälle, die höchste Anzahl aller Postleitzahlen im County. National City und Chula Vista, wo wir leben/arbeiten, hatten den höchsten Prozentsatz an Fällen im Verhältnis zu ihrer Einwohnerzahl.

Später an diesem Tag fanden die Schlagzeile und meine Bedenken bezüglich Gesundheit und Sicherheit Eingang in meine Arbeit, insbesondere in meine Sitzung mit Juan, und zwar auf eine sehr reale Weise. Juan war schon eine Weile mein Patient, und wir hatten eine Reihe von Problemen durchgearbeitet. Er und seine Familie waren vor Jahren aus El Salvador eingewandert und er war sehr begeistert vom Leben in den USA. Juan war erst elf Jahre alt, als sich die tragischen Ereignisse des 11. September 2001 in New York City ereigneten. Dies hatte einen großen persönlichen Einfluss auf ihn, und er beschloss, einen Beitrag zur Sicherheit Amerikas zu leisten. Wie er mir oft erzählte, „wusste ich damals, dass ich etwas tun musste, um Amerika vor dem Bösen zu schützen", in diesem Fall vor dem Terrorismus. Als Juan also die High School abschloss, meldete er sich schnell bei den Marines, um „meinen Teil zu leisten". Als Marinesoldat nach 9/11 sah Juan seinen Anteil an Schmerz, Verwüstung und Tod. Zu unserer gemeinsamen Arbeit gehörte auch der Umgang mit der Posttraumatischen Belastungsstörung (PTSD), die aus diesen Erfahrungen resultierte. Juan und ich arbeiteten auch die Themen der Herkunftsfamilie und der Beziehung auf, die unseren therapeutischen Vertrag ausmachten. Kurz gesagt, Juan ist ein gewissenhafter junger Mann, der versucht, das Richtige zu tun, auch wenn es schwierig wird.

Aber etwas war anders während unserer Sitzung am 22. April 2020. Sobald wir uns per Videokonferenz begrüßten (die beste Möglichkeit, die Kontinuität der Versorgung meiner Patienten während des Lockdowns zu gewährleisten), wusste ich, dass etwas nicht stimmte. Er sah sichtlich verärgert und zerzaust aus. Nach unseren anfänglichen Höflichkeitsfloskeln fragte ich ihn, was ihn so bedrückte. Er erklärte, dass er sehr beunruhigt und ängstlich sei und sich hoffnungslos fühle. Er fügte hinzu, dass er seit ein paar Tagen nicht mehr schlafen konnte und keinen Appetit hatte. Mit seiner Fähigkeit, von zu Hause aus zu arbeiten, hatte er sich zuvor recht gut an die Forderungen des Coronavirus nach sozialer Distanzierung angepasst. Doch dieser Tag brachte andere Herausforderungen mit sich. Er erzählte mir, dass er, wie die meisten Menschen, die Nachrichten verfolgt hatte, um die neuesten Informationen über die Ausbreitung des Virus zu erhalten. Auch er war besorgt darüber, dass in der Gegend, in der wir leben, die meisten Fälle von Infektionen, Krankheiten und·Todesfällen auftraten.

Juan, ein Junggeselle, lebte allein, unterhielt aber eine sehr enge Beziehung zu seiner Herkunftsfamilie. Seine Mutter, die ihr ganzes Leben lang Hausfrau war, war Anfang siebzig und aufgrund von Problemen mit Diabetes, COPD (chronisch obstruktive Lungenerkrankung) und Herzproblemen besonders gefährdet, sich anzustecken. Sein Vater, inzwischen im Ruhestand beim US Postal Service, erledigte immer noch „Gelegenheitsjobs" als Handwerker. Juans zwei jüngere Schwestern arbeiteten in örtlichen Kaufhäusern. Juans Verzweiflung war darauf zurückzuführen, dass er sich zuvor an diesem Tag mit seinem Vater gestritten hatte. Juans Vater verstand die Schwere der Coronavirus-Erkrankung. Doch laut Juan weigerte sich der Vater zu akzeptieren, dass er „seine Routine ändern müsse". Juan war besonders verzweifelt darüber, dass sein Vater immer noch nicht aufgegeben hatte, die „Gelegenheitsarbeiten" zu erledigen, die er einigen seiner „Stammkunden" zugesichert hatte. Vielleicht noch belastender für Juan war die Tatsache, dass sein Vater sich weigerte, seine täglichen Fahrten zur

„*panaderia*" (Bäckerei) für sein frisches „*pan dulce*", das für „*la hora del Cafecito*" benötigt wurde, einzustellen. Die Fahrt des Vaters zur örtlichen Bäckerei, um das für seine Kaffeepause am Nachmittag benötigte süße Brötchen zu besorgen, eine langjährige Latino-Tradition.

„*Meter el pan dulce en el café es un hábito Salvadoreño que Muchos disfrutan*", sagte Juan mit Tränen in den Augen. (Übersetzung: Ein Stück süßes Brot in die Tasse Kaffee zu tunken, ist ein salvadorianischer Brauch, den viele Leute wie mein Vater genießen.")

„Wissen Sie, Doktor, mein Vater versteht das Ganze. Er versucht, das Richtige zu tun, um sicher und gesund zu bleiben", sagte Juan, „aber es gibt einfach einige Dinge, von denen er glaubt, dass er sie tun muss, und wenn er diese Dinge nicht tun kann, dann stellt er alles in Frage. Also, was soll das...?"

„Und ja, ich verstehe das", fuhr Juan fort, „aber was ist dann mit meiner Mutter und meinen Schwestern. Da werde ich sehr wütend, weil mein Vater einfach egoistisch ist. Sind seine kulturellen Traditionen so heilig, dass er die Gesundheit meiner Mutter aufs Spiel setzt?"

An diesem Punkt kam es angeblich zum Streit. Juan hatte das Gefühl, dass sein Vater zu „*terco*" (stur) war und er keine andere Sichtweise in Betracht ziehen wollte.

Juan sah sich mit dem Dilemma konfrontiert, das eine bikulturelle Erfahrung und Generationsunterschiede oft mit sich bringen. Er wollte seinen Vater und den Wert seiner Traditionen respektieren („*respeto*" zeigen). Juan hatte aber auch das Gefühl, dass die Ausübung solcher Traditionen den Rest der Familie einem unnötigen Risiko aussetzt, an COVID-19 zu erkranken.

Zwei Länder

Alejandra, ihre beiden jüngeren Geschwister und ihre Mutter waren im Jahr 2000 aus Tijuana, Mexiko, nach San Diego eingewandert. Alejandra war ausgebildete Krankenschwester und eine ältere Schwester für ihre jüngste Schwester Carolina. Als bei Carolina im Jahr 2019 Brustkrebs diagnostiziert wurde, wurde Alejandra zu ihrer Hauptpflegeperson zu Hause. Als onkologische Krankenschwester am UCSD (University of California San Diego Cancer Center) war sie bestens qualifiziert, diese Hilfe zu leisten. Nach der Behandlung hat Carolina den Krebs besiegt. Doch dabei verlor sie ihren Job. Infolgedessen mussten sowohl Carolina als auch ihre ältere Mutter von San Diego zurück nach Tijuana, Mexiko, umziehen, wo die Lebenshaltungskosten deutlich günstiger waren. Obwohl die Familienmitglieder nun in verschiedenen Ländern lebten, standen sie sich weiterhin nahe und besuchten sich oft gegenseitig, wie es viele Familien entlang der US-Mexiko-Grenze tun.

Dann, im frühen Frühjahr 2020, brachte COVID-19 alles durcheinander. Für Alejandra und ihre Familie war es besonders erschütternd. Alejandra, eine unentbehrliche Mitarbeiterin, machte weiterhin ihre Krankenhausvisiten am UCSD. Ihre Mutter und ihre Schwester taten das Beste, was sie konnten, während sie in Tijuana waren. Die Grenzübergänge wurden sowohl von der US-amerikanischen als auch von der mexikanischen Regierung auf notwendige Reisen beschränkt. Alejandra, die lange Schichtstunden im Krankenhaus arbeitete, hatte nicht die Energie und hielt es bestenfalls für

riskant, ihre Mutter und Schwester zu besuchen, aus
Angst, sie dem Virus auszusetzen. Dennoch standen
Carolina und die Mutter ihren eigenen Schwierigkeiten
gegenüber, während sie in Tijuana lebten. Nach einem
langsamen Start folgte die örtliche Regierung von Tijuana dem Beispiel von San Diego, indem sie Mitarbeiter aus der Ferne arbeiten ließ und Maßnahmen zum
Verbleib an Ort und Stelle und zur sozialen Distanzierung einführte, um die Ausbreitung des Virus in der
Bevölkerung einzudämmen.

In letzter Zeit wurden Alejandras Angstzustände
und Panikattacken von der Sorge um ihr Wohlerge-
hen angetrieben (sie infizierte sich mit dem Coronavirus, während sie im Krankenhaus arbeitete), krank
zu werden und nicht in der Lage zu sein, sich und ihre
Familie, die in Mexiko lebt, finanziell zu versorgen.
Diese Bedenken wurden durch die Frustration verstärkt, dass sowohl Carolina als auch die Mutter zu der
Überzeugung gelangt waren, dass sie vor „dem Virus"
geschützt wären, wenn sie sich an die traditionellen
Heilmittel „*te de manzanilla*" (Kamillentee), „*cucharadas
de vinagre*" (Apfelessig trinken)*und „sobadas con alcohol*"
(Körperabreibungen *mit* Alkohol) hielten. Alejandra
und ich hatten viele Gespräche geführt, in denen wir die
Vorstellung, dass traditionelle Medizin und Heilmittel
hilfreich sind, glauben und unterstützen, besonders
wenn der Patient an ihren Nutzen glaubt. Aber in diesem Fall waren Alejandra und ich uns einig, dass der
Glaube ihrer Familie an diese traditionellen Praktiken
ihnen ein falsches Gefühl von Sicherheit gibt und sie einem größeren Risiko aussetzt, mit COVID-19 infiziert

und krank zu werden. Dies war für Alejandra besonders erschütternd, da die Krebserkrankung ihrer Schwester Carolina ein geschwächtes Immunsystem hinterlassen hatte. Ihre Mutter war aufgrund ihres Alters und ihrer gesundheitlichen Umstände ebenfalls einem hohen Risiko ausgesetzt. Als Gesundheitsdienstleisterin an vorderster Front sah Alejandra, welche Verheerungen COVID-19 wirklich anrichten kann. Dennoch fühlte sie sich hilflos, wenn es darum ging, für ihre Familie zu sorgen, als sie, in ihren eigenen Worten, „mich am meisten brauchten".

Während ich über eine Post-COVID-19-Zukunft meiner privaten Praxis nachdenke, die ständig durch Richtlinien des Center for Disease Control (CDC), der American Psychological Association (APA) und anderer aktualisiert wird, denke ich darüber nach, was unsere ethische und moralische Verantwortung mit sich bringen wird, wenn wir möglicherweise unsere Praxen wieder öffnen und zur „Normalität" zurückkehren.

Bevor die Tinte dieses Buches getrocknet ist und alle spezifischen Empfehlungen/Zeitpläne ausgearbeitet sind, ist mir klar und ich trauere, dass sich meine Praxis in absehbarer Zeit deutlich verändert haben wird. Ich kann mir mein „*caluroso abrazo*", eine übliche traditionelle Begrüßung bei meinen Patienten, nicht mehr leisten, vor allem bei denen, die älter und damit immungeschwächt sind. Mein Mann, in dessen Praxis viele Flüchtlingspatienten betreut werden, hat oft vier bis sechs Familien- und Großfamilienmitglieder, die mit dem Patienten zu den Terminen erscheinen. Das ist eine ostafrikanische Norm.

Die physische Distanzierung wird zweifellos solche Gewohnheiten stören und sich dämpfend auf die Arbeit auswirken, die
wir ausführen. Und während ich um den Verlust dessen trauere,
was „früher einmal war", glaube ich, dass wir gemeinsam mit
meinen Patienten Wege schaffen können, um uns zu verbinden
und eine Zukunft zu navigieren, in der wir das, was wesentlich
ist für das, was wir sind, auf eine sichere neue Art und Weise
bewahren können.

Zu berücksichtigende Fragen

- Wie hat sich die COVID-19-Pandemie auf Ihr Leben
  ausgewirkt?
- Was ist mit dem Leben Ihrer Angehörigen?
- Wie hat sich diese Identität als Einwanderer auf die Art
  und Weise ausgewirkt, wie Sie mit den Schwierigkeiten im
  Zusammenhang mit COVID-19 umgehen mussten?
- Welche Bewältigungsstrategien haben für Sie funktioniert
  oder nicht funktioniert?
- Welche Rolle wollen Sie in einer post-pandemischen Gesellschaft spielen?
- Was wird Ihnen helfen, dieses Ziel zu erreichen?
- Was können Sie tun? Wenn Sie im Gesundheitswesen tätig
  sind, können Sie sich für Veränderungen innerhalb Ihres Be-
  rufsstandes, seiner Verbände und Zulassungsstellen einsetzen? Auch wenn Sie nicht im Gesundheitswesen tätig sind,
  wie können Sie sich bei Ihren gewählten Vertretern für solche Veränderungen einsetzen?

EPILOG

Viele gut ausgearbeitete Theorien, Forschungsergebnisse und berufliche Erfahrungen schaffen es nie in den öffentlichen Diskurs. Sie verbleiben in Fachzeitschriften und berufsspezifischen Büchern, die viel Fachchinesisch enthalten und für den durchschnittlichen Laien schwer zu lesen geschweige denn zu verstehen sind für den durchschnittlichen Laien. Das gilt für die Literatur zur Einwanderung ebenso wie für andere Bereiche.

Wir hoffen, dass dieses Buch professionelle Informationen über gemeinsame Einwanderungserfahrungen leichter zugänglich macht. Wir haben auch einige Beispiele aus unserem eigenen Leben und unserer Arbeit eingearbeitet, um zu veranschaulichen, wie abstrakte Konzepte in der realen Welt verstanden werden können.

Was sind die wichtigsten Punkte, von denen wir hoffen, dass die Leute sie aus diesem Buch mitnehmen? Migrationen haben stattgefunden, seit es Menschen auf dem Planeten Erde gibt. Es gibt keine Anzeichen dafür, dass dies nachlassen, geschweige denn aufhören wird, da die globale Vernetzung immer mehr zur Realität wird. Auch der Klimawandel kann ein zunehmender Faktor sein, der zu Wanderungen führt.

Zum Glück ist die Einwanderung eine gute Sache. Sie kann unsere Gesellschaften neu beleben. Wie US-Präsident John F. Kennedy einmal bemerkte: „Überall haben Einwanderer das

Gewebe des amerikanischen Lebens bereichert und gestärkt."
Zum Teil sagen uns die in diesem Buch zitierten Statistiken,
dass wir besonders bei Flüchtlingen mit hohem Bedarf eine
Vorabinvestition tätigen müssen. Aber sie sagen uns auch, dass
der letztendliche Nutzen die anfänglichen Kosten bei weitem
überwiegt, wenn wir es klug anstellen.

Gleichzeitig bringt die Einwanderung viele Herausforderungen mit sich, sowohl für die Migranten selbst als auch für die
von ihnen angenommenen Länder. Menschen verlassen ihr
Herkunftsland aus vielen Gründen. Manche ziehen um, weil sie
mit Kollegen zusammenarbeiten wollen, die ihre wissenschaftlichen oder beruflichen Interessen teilen. Einige kommen wegen
der größeren finanziellen Möglichkeiten in einer zunehmend
globalen Wirtschaft. Und manche kommen, um Verbrechen,
Armut, Krieg und Verfolgung zu entkommen.

Trotz dieser Vielfalt an Menschen und Gründen für die Migration, teilen Zuwanderer einige universelle Herausforderungen. Ein Umzug an einen neuen Ort kann auch unter den
günstigsten Umständen stressig sein. Die Menschen müssen
oft neue Sprachen, Sitten und Gebräuche, Ernährungsgewohnheiten und sogar, auf welcher Straßenseite sie fahren sollen,
lernen. Bestimmte Fähigkeiten werden einfach benötigt, um
in einer neuen Welt zu funktionieren. Aber es gibt auch gute
Neuigkeiten. Die Akkulturationsforschung hat gezeigt, dass das
Erlernen neuer Fähigkeiten nicht automatisch bedeutet, dass
wir unsere persönliche Kernidentität aufgeben müssen.

Sowohl für die Einwanderer als auch für die Gesellschaft insgesamt müssen wir lernen, wie wir am besten ein individuelles,
aber koordiniertes System haben, das Neuankömmlingen hilft,
sich in die Gesellschaft zu integrieren. Dazu gehören die Erleichterung beruflicher Übergänge, die Beseitigung psychischer

und physischer Gesundheitsbarrieren, die Förderung der Widerstandsfähigkeit von Zuwanderern und die Überwindung persönlicher Vorurteile gegenüber Menschen, die anders aussehen als wir und wie wir es gewohnt sind. Das bedeutet nicht, dass wir naiv sein müssen und einfach jeden in unsere Türen lassen. Es gibt schlechte Akteure in der Welt, und wir müssen gegenüber dieser Realität wachsam bleiben. Aber wir können auch Schritte unternehmen, um die Wahrscheinlichkeit zu verringern, dass Menschen, die das Gefühl haben, keine Zukunft zu haben, auf die „falsche Werbung" krimineller und radikaler Gruppen hereinfallen.

Diese Art von Bemühungen sind in unser aller ureigenstem Interesse. Wie zuletzt die COVID-19-Pandemie gezeigt hat, haben wir Engpässe in allen möglichen kritischen Berufen, auch im Gesundheitswesen. Einige Einwanderer sind mehr als qualifiziert, die Lücke zu füllen. Wenn sie mehrere Sprachen sprechen und internationale Erfahrung haben, umso besser.

Individuen und Gesellschaften spielen noch zu oft das, was man ein „Nullsummenspiel" nennt. Diese Einstellung geht davon aus, dass es begrenzte Ressourcen auf der Welt gibt und wir alle um sie konkurrieren. Was Sie erhalten, bekomme ich nicht, und umgekehrt. Aber Innovation und Anpassung sind eine unserer größten menschlichen Stärken. Wenn wir lernen, diese Eigenschaften zu nutzen, um die Ressourcen zu steigern, gewinnen wir alle. Einwanderer können ein großer Teil dieses Weges nach vorne sein.

QUELLENANGABEN/
LITERATURHINWEISE

1. Segal, R, Raglan, L, Rank, O. Introduction: In Quest of the Hero. *Quest of the Hero*. 1990; Princeton, N.J.: Princeton University Press
2. Sullivan P, Young Adult Literature: Everyone a Hero: Teaching and Taking the Mythic Journey, *The English Journal*. 1983; 72(7):88-90.
3. United Nations Department of Economic and Social Affairs, *news release*. 09/17/2019. https://news.un.org/en/story/2019/09/1046562
4. United Nations High Commissioner for Refugees (UNHR). Global Trends: Forced Displacement 2019; UNHCR 2020. http://www.unhcr.org/refugee-statistics
5. ESPMI Network. Reconceptualizing refugees and force migration in the 21st century. 26. Mai 2015 https://refugeereview2.wordpress.com/
6. International Organization for Migration. *Irregular Migrant, Refugee Arrivals in Europe Top One Million in 2015*. https://www.iom.int/news/irregular-migrant-refugee-arrivals-europe-top-one-million-2015-iom
7. Eurostat News Release 48/2020. *612,700 first-time asylum seekers registered in 2019, up by 12% compared to 2018*. 20. März 2020
8. International Organization for Migration. *Venezuela Refugee and Migrant Crisis*. 2020. https://www.iom.int/venezuela-refugee-and-migrant-crisis
9. US Census Bureau. *Net Migration between the U.S. and Abroad Added 595,000 to National Population Between 2018 and 2019*. December 30, 2019. https://www.census.gov/library/stories/2019/12/net-international-migration-projected-to-fall-lowest-levels-this-decade.html
10. Carrasco, F dJ V. El vía crucis del migrante: demandas y membresía (The migrant via crucis: demands and membership). *Trace* 2018; 73:117-133.

11. International Committee of the Red Cross, *Central American Annual Report, 2019.* https://www.icrc.org/en/document/central-america-annual-report-2019

12. Eurostat. *Migration and migrant population statistics:* statistics explained. May 2020. https://ec.europa.eu/eurostat/statistics-explained/index.php?title=Migration_and_migrant_population_statistics

13. US Department of State – Bureau of Consumer Affairs. *Visas.* https://travel.state.gov/content/travel/en/us-visas/immigrate/employment-based-immigrant-visas.html

14. United Nations High Commissioner for Refugees (UNHR). Refugees. https://www.un.org/en/global-issues/refugees

15. Noe-Bustamante L, Mora L, Lopez M H. *About One-in-Four U.S. Hispanics Have Heard of Latinx, but Just 3% Use It.* 2020; Pew Research Center.

16. Barnhouse AH, Brugler CJ, Harkulich JT. Relocation stress syndrome. *Nurse Diagnosis.* 1992; 3(4):166-168.

17. Berry, J. W., & Kim, U. Acculturation and mental health. In P. R. Dasen, J. W. Berry, & N. Sartorius (Eds.), *Cross-cultural research and methodology series, 1988; Vol. 10. Health and cross-cultural psychology: Toward applications* (p. 207–236). Sage Publications, Inc.

18. American Psychiatric Association. *Diagnostic and statistical manual of mental disorders: DSM-IV-TR.* 2000; Washington, DC: Author.

19. American Psychiatric Association. *Diagnostic and statistical manual of mental disorders (5th ed.).* 2013; Arlington, VA: Author.

20. World Health Organization. *The ICD-10 classification of mental and behavioural disorders: Clinical descriptions and diagnostic guidelines.* 1992; Geneva: World Health Organization.

21. Ghanem-Ybarra, G.J. *The acculturation process and ethnic self-identification of second generation Christian Palestinian American women.* (Unpublished doctoral dissertation), 2003; California Professional School of Psychology at Alliant International University, San Diego.

22. Cervantes RC, Padilla AM, Napper LE, Goldbach JT. Acculturation-Related Stress and Mental Health Outcomes Among Three Generations of Hispanic Adolescents. *Hispanic Journal of Behavioral Sciences,* 2013; 35(4):451–468.

23. Reimann JOF, Ghulam M, Rodríguez-Reimann DI, Beylouni MF. Project Salaam: Assessing mental health needs among San Diego's

greater Middle Eastern and East African communities. *Ethnicity & Disease. 2007 Summer; 17(2 Suppl 3):S3-39-S3-41.*

24. Montgomery, J. (1996). Components of Refugee Adaptation. *The International Migration Review. 1996;* 30(3):679-702.

25. Ye, HD, Muhamad, HJ. Acculturative Stress Level Among International Postgraduate Students of a Public University in Malaysia. *International Journal of Public Health and Clinical Sciences.* 2017; 4(4):2289-7577.

26. Berry JW. Acculturation. In the *Encyclopedia of Applied Psychology,* 2004; 27-34. Academic Press, Elsevier: Amsterdam.

27. Berry, JW. Theories and models of acculturation. In S. J. Schwartz & J. B. Unger (Eds.), *Oxford library of psychology. The Oxford handbook of acculturation and health, 2017;* (p. 15–28). Oxford University Press.

28. Berry, J. W., Kim, U., Minde, T., & Mok, D. Comparative studies of acculturative stress. *International Migration Review. 1987;* 21:491-511.

29. Perez, RM Linguistic Acculturation and Context on Self-Esteem: Hispanic Youth Between Cultures, *Child and Adolescent Social Work Journal.* 2011; 28(3):203-228.

30. Smokowski, PR, Roderick R, Martica LB. "Acculturation and Latino Family Processes: How Cultural Involvement, Biculturalism, and Acculturation Gaps Influence Family Dynamics." *Family Relations. 2008;* 57(3):295-308.

31. Phinney, J., & Haas, K. The process of coping among ethnic minority first-generation college freshman: a narrative approach. *The Journal of Social Psychology.* 2003; 143:707–726.

32. Tajfel, H., & Turner, J. C. (1986). The social identity theory of intergroup behavior. In S. Worchel & W. G. Austin *Psychology of Intergroup Relations.* 1986; 7–24. Nelson-Hall: Chicago, IL.

33. American Psychological Association. *Discrimination: What it is, and how to cope.* 31. Oktober 2019 https://www.apa.org/topics/racism-bias-discrimination/types-stress

34. American Psychological Association, *Stress in America 2020.* https://www.apa.org/news/press/releases/stress/2020/report-october

35. European Agency for Fundamental Rights. *Second European Union Minorities and Discrimination Survey: Main Results; 2017* https://fra.europa.eu/sites/default/files/fra_uploads/fra-2017-eu-midis-ii-main-results_en.pdf

36. Gonzalez-Barrera A & Lopez, MH. Before COVID-19, many Latinos worried about their place in America and had experienced discrimination. Pew Research Center. *FACTANK*, July 22, 2020. https://www.pewresearch.org/fact-tank/2020/07/22/before-covid-19-many-latinos-worried-about-their-place-in-america-and-had-experienced-discrimination/

37. United States Department of Housing and Urban Development, *Fair Housing Act.* https://www.hud.gov/program_offices/fair_housing_equal_opp/fair_housing_act_overview

38. US Civil Rights Act of 1964. https://www.dol.gov/agencies/oasam/civil-rights-center/statutes/civil-rights-act-of-1964

39. US Equal Employment Opportunity Commission. The Age Discrimination in Employment Act. https://www.eeoc.gov/statutes/age-discrimination-employment-act-1967

40. US Americans with Disability Act. https://www.ada.gov/cguide.htm#anchor62335

41. Lui PP, Quezada L. Associations between microaggression and adjustment outcomes: A meta-analytic and narrative review. *Psychological Bulletin.* 2019; 145(1):45-78.

42. Washington Examiner. https://www.washingtonexaminer.com/washington-secrets/report-illegal-immigration-leads-to-2-200-deaths-118-000-rapes-138-000-assaults

43. Child soldiers. United Nations International Children's Emergency Fund. https://www.unicefusa.org/stories/unicef-working-free-child-soldiers-around-world/35474

44. Perreira KM, Ornelas I. Painful Passages: Traumatic Experiences and Post-Traumatic Stress among Immigrant Latino Adolescents and their Primary Caregivers. *International Migration Review.* 2013; 47(4):976-1005.

45. Nesterko Y, Friedrich M, Brähler E, Hinz A, Glaesmer H. Mental health among immigrants in Germany - the impact of self-attribution and attribution by others as an immigrant. *BMC Public Health.* 2019; 19(1):1697.

46. Bas-Sarmiento P, Saucedo-Moreno MJ, Fernández-Gutiérrez M, Poza-Méndez M. Mental Health in Immigrants Versus Native Population: A Systematic Review of the Literature. *Archives of Psychiatric Nursing.* 2017; 31(1):111-121.

47. The Soufan Center. *Syria: The Humanitarian-Security Nexus*, 2017, Author.

48. Friedman, AR. Rape and domestic violence: the experience of refugee women. In Cole, E., Espin, OM, & Rothblum, ED. *Refugee Women and their Mental Health.* 1992; Harington Park Press: Binghamton: NY

49. Reimann JOF, Christopher R. *The Traumatic Event Sequelae Inventory (TESI): Administration, Scoring, and Procedures Manual (Second Edition).* Sparks, NV. 2016; Professional, Clinical and Forensic Assessments, LLC.

50. Schnyder U, Bryant RA, Ehlers A, Foa EB, Hasan A, Gladys G, Kristensen CH, Neuner F, Oe M, Yule W. Culture-sensitive psychotraumatology. *European Journal of Psychotraumatology.* 2016; 7:31179.

51. Hinton DE, Lewis-Fernández R. The cross-cultural validity of posttraumatic stress disorder: implications for DSM-5. *Depression and Anxiety.* 2011; 28(9):783-801.

52. Hinton DE, Pich V, Marques L, Nickerson A, Pollack MH. Khyâl attacks: a key idiom of distress among traumatized Cambodia refugees. *Culture, Medicine and Psychiatry.* 2010; 34(2):244-78.

53. Anxiety. American Psychological Association. https://www.apa.org/topics/anxiety

54. Lewis-Fernández R, Gorritz M, Raggio GA, et al: Association of trauma-related disorders and dissociation with four idioms of distress among Latino psychiatric outpatients. *Culture, Medicine and Psychiatry. 2010;* 34(2):219–243.

55. Forte A, Trobia F, Gualtieri F, Lamis DA, Cardamone G, Giallonardo V, Fiorillo A, Girardi P, Pompili M. Suicide Risk among Immigrants and Ethnic Minorities: A Literature Overview. *International Journal of Environmental Research and Public Health.* 2018; 15(7):1438.

56. United Nations Office of Drugs and Crime. *Statistics: Drug use.* https://www.unodc.org/unodc/en/data-and-analysis/statistics/drug-use.html

57. Dydyk AM, Jain NK, Gupta M. *Opioid Use Disorder.* 2020 Nov 20. In: StatPearls [Internet]. 2021; Treasure Island (FL): StatPearls Publishing.

58. Centers for Disease Control and Prevention. *Overdose Deaths Accelerating During COVID-19.* Press Release. 17. Dezember 2020 https://www.cdc.gov/media/releases/2020/p1218-overdose-deaths-covid-19.html

59. Murray, K & Parisi, T. *Addiction and Refugees and Immigrants.* Addiction Center. 2. März 2020 https://www.addictioncenter.com/addiction/refugees-immigrants/

60. Manghi, R, Broers, B. Khan, R. Benguettat, D. Khazaal, Y. Zullino, DF. Khat use: lifestyle or addiction. *Journal of Psychoactive Drugs.* 2009; 41(1):1–10.

61. Salas-Wright CP, Vaughn MG, Clark TT, Terzis LD, Córdova D. Substance use disorders among first-and second-generation immigrant adults in the United States: evidence of an immigrant paradox? *Journal of Studies on Alcohol and Drugs.* 2014; 75(6):958-967.

62. National Institute on Alcohol Abuse and Alcoholism. *Module 10F: Immigrants, refugees, and alcohol.* In Social work education for the prevention and treatment of alcohol use disorders. Washington, D.C. https://slideplayer.com/slide/3841167/

63. Woodward AM, Dwinell AD, Arons BS. Barriers to mental health care for Hispanic Americans: a literature review and discussion. *Journal of Mental Health Administration.* 1992; 19(3):224-36.

64. American Psychiatric Association Fact Sheet: Mental Health Disparities: Hispanics and Latinos. https://www.psychiatry.org/psychiatrists/cultural-competency/education/hispanic-patients

65. Reimann JOF, Ghulam M, Rodríguez-Reimann DI, Beylouni MF. *Bringing communities together for wellness: An assessment of emotional health needs among San Diego's Middle Eastern, North African, and East African groups.* 2005; San Diego: ICSD.

66. Tahirbegolli B, Çavdar S, Çetinkaya Sümer E, Akdeniz SI, Vehid S. Outpatient admissions and hospital costs of Syrian refugees in a Turkish university hospital. *Saudi Medical Journal.* 2016; 37(7):809-12.

67. Physicians for Human Rights. 2000. https://secure.phr.org/

68. Centers for Disease Control and Prevention. *BCG-Vaccine Fact Sheet.* https://www.cdc.gov/tb/publications/factsheets/prevention/bcg.htm

69. United States Drug Enforcement Agency. *Fact Sheets. Rohypnol.* https://www.dea.gov/factsheets/rohypnol

70. Lara M, Gamboa C, Kahramanian MI, Morales LS, Bautista DE. Acculturation and Latino health in the United States: a review of the literature and its sociopolitical context. *Annual Review of Public Health.* 2005; 26:367-397.

71. Rodríguez-Reimann DI, Nicassio P, Reimann JOF, Gallegos PI, Olmedo EL. Acculturation and health beliefs of Mexican Americans regarding tuberculosis prevention. *Journal of Immigrant Health*, 2004; 6:51-62.

72. Shapiro K, Gong WC. Natural products used for diabetes. *Journal of the American Pharmacists Association.* 2002; 42(2):217-226.

73. Liu J, Shi JZ, Yu LM, Goyer RA, Waalkes MP. Mercury in traditional medicines: is cinnabar toxicologically similar to common mercurials? *Experimental Biology & Medicine (Maywood).* 2008; 233(7):810-817.

74. Vickers AJ, Vertosick EA, Lewith G, MacPherson H, Foster NE, Sherman KJ, Irnich D, Witt CM, Linde K; Acupuncture Trialists' Collaboration. Acupuncture for Chronic Pain: Update of an Individual Patient Data Meta-Analysis. *The Journal of Pain.* 2018; 19(5):455-474.

75. Gutiérrez Á, Young MT, Dueñas M, García A, Márquez G, Chávez ME, Ramírez S, Rico S, Bravo RL. Laboring With the Heart: Promotoras' Transformations, Professional Challenges, and Relationships With Communities. *Family & Community Health.* 2020; Dec 4.

76. Barlow, S. Understanding the Healer Archetype https://susannabarlow.com/on-archetypes/understanding-the-healer-archetype/

77. d'Artis Kancs, Patrizio Lecca Long-term Social, Economic and Fiscal Effects of Immigration into the EU: The Role of the Integration Policy 2017 European Commission, JRC Technical Reports

78. Kosten D. Immigrants as Economic Contributors: Immigrant Tax Contributions and Spending Power. *National Immigration Forum.* https://immigrationforum.org/article/immigrants-as-economic-contributors-immigrant-tax-contributions-and-spending-power/

79. Courthouse News Services. New Americans in San Diego: A Snapshot of the Demographic and Economic Contributions of Immigrants in the County https://www.courthousenews.com/wp-content/uploads/2018/02/immigrant-contributions.pdf

80. Welcoming San Diego. https://www.sandiego.gov/welcomingsd

81. National Academies of Sciences, Engineering, and Medicine. The Economic and Fiscal Consequences of Immigration. Washington, DC: The National Academies Press. 2017. https://doi.org/10.17226/23550.

82. US Bureau of Labor Statistics. TED: The Economics Daily, May 24, 2017 https://www.bls.gov/opub/ted/2017/

foreign-born-workers-made-83-point-1-percent-of-the-earnings-of-their-native-born-counterparts-in-2016.htm

83. Reimann, JOF. *Factors of culture, socioeconomic status, minority group membership, and gender in the career choice flexibility of Mexican Americans on the U.S.-Mexico Border: A structural model.* Dissertation Abstracts International: Section B: the Sciences & Engineering. Vol. 57(9-B), March 1997. Available through WorldCat. https://www.worldcat.org/

84. Krumboltz, JD. The wisdom of indecision. *Journal of Vocational Behavior.* 1992; 41:239-244.

85. Etzel JM, Nagy G, Terence JG, Tracey TJG. The Spherical Model of Vocational Interests in Germany. *Journal of Career Assessment.* 2015; 24 (4):701–717.

86. Alegría M, Mulvaney-Day N, Torres M, Polo A, Cao Z, Canino G. Prevalence of psychiatric disorders across Latino subgroups in the United States. *American Journal of Public Health.* 2007; 97(1):68-75.

87. Arnetz J, Rofa Y, Arnetz B, Ventimiglia M, Jamil H. Resilience as a protective factor against the development of psychopathology among refugees. *Journal of Nervous and Mental Disease.* 2013; 201(3):167-72.

88. American Psychological Association. *Crossroads the psychology of immigration in the new century.* Report of the APA presidential task force on immigration. 2012.

89. Chiswick, BR, Miller W. The "Negative" Assimilation of Immigrants: A Special Case. *Industrial and Labor Relations Review.* 2011; (64) 3:502–525.

90. Hayes-Bautista, DE, Hsu P, Hayes-Bautista M, Iñiguez D, Chamberlin, CL, Rico C, Solorio R. An Anomaly Within the Latino Epidemiological Paradox. The Latino Adolescent Male Mortality Peak. *Archives of Pediatrics & Adolescent Medicine.* 2002; 156:480-484.

91. Smith DP, Bradshaw BS. Rethinking the Hispanic paradox: death rates and life expectancy for US non-Hispanic White and Hispanic populations. *American Journal of Public Health.* 2006; 96(9):1686–92.

92. Goleman D. *Emotional Intelligence: Why It Can Matter More Than IQ.* 1995 Bantam Books: New York New York

93. US Health & Human Services, Office of Minority Health. *Cultural competence described.* https://minorityhealth.hhs.gov/omh/browse.aspx?lvl=1&lvlid=6

94. Freimuth, VS, Quinn, SC, Thomas, SB, Cole G., Zook E., Duncan, T. African Americans' views on research and the Tuskegee Syphilis Study. *Social Science & Medicine.* 2001; 52:797-808.

95. Lackland DT, Sims-Robinson C, Jones Buie JN, Voeks JH. Impact of COVID-19 on Clinical Research and Inclusion of Diverse Populations. *Ethnicity & Disease.* 2020; 30(3):429-432.

96. Reimann JOF, Talavera GA, Salmon M, Nuñez J, Velasquez RJ. Cultural competence among physicians treating Mexican Americans who have diabetes: A structural model. *Social Science & Medicine.* 2004; 59:2195-2205.

97. Reimann, JOF, Rodríguez-Reimann, DI. (2010) Community based health needs assessments with culturally distinct populations. In A. Pelham & E. Sills (Eds.) *Promoting Health & Wellness in Underserved Communities: Multidisciplinary Perspectives through Service Learning Series* (pp.82-100), Sterling, VA: Stylus Publishing.

98. US Health & Human Services, Office of Minority Health. The National CLAS Standards. https://minorityhealth.hhs.gov/omh/browse.aspx?lvl=2&lvlid=53

99. Mews C, Schuster S, Vajda C, et al. Cultural Competence and Global Health: Perspectives for Medical Education - Position paper of the GMA Committee on Cultural Competence and Global Health. *GMS Journal for Medical Education.* 2018; 35(3):1-17

100. US Department of Health & Human Services, Office of Disease Prevention & Health Promotion. *Healthy People 2020.* Disparities Section https://www.healthypeople.gov/2020/about/foundation-health-measures/Disparities

101. Reimann JOF, Ghulam M, Rodríguez-Reimann DI, Beylouni MF. *Bringing communities together for wellness: An assessment of emotional health needs among San Diego's Middle Eastern, North African, and East African groups.* 2005, San Diego: ICSD.

102. Reimann JOF, Rodríguez-Reimann DI, Medina M. *Proyecto Salud Libre: An assessment of the mental health needs in Imperial County's communities.* 2006; Brawley, CA: Clinicas de Salud del Pueblo.

103. Reimann JOF, Rodríguez-Reimann DI, Talavera GA. *Cultural competence in the licensure of health care professionals. Final Report to the US Department of Health & Human Services,* Office of Minority Health 2003

104. Cooper-Patrick, L, Gallo, JJ, Gonzales, JJ, Vu, HT, Powe, NR, Nelson, C, & Ford, DE (1999). Race, gender, and partnership in the patient-physician relationship. *Journal of the American Medical Association*, 1999; 282:583-589.

105. Komaromy, M, Grumbach, K, Drake, M, Vranizan K, Lurie N, Keane D, Bindman AB. (1996) The role of black and Hispanic physicians in providing health care for underserved populations. *New England Journal of Medicine*, 1996, 334:1305-1310.

106. Hayes-Bautista, DE (1997). Workforce issues and options in the border states. *Journal of Border Health*. 1997; 4:12-20.

107. Dawson-Saunders B, Iwamoto CK, Ross L, Volle RL, Nungester, RJ Performance on the National Board of Medical Examiners. Part I Examination by men and women of different race and ethnicity. *The Journal of the American Medical Association*. 1994; 272(9):674-9

108. Swanson DB, Bowles LT. Letter to the editor. *Evaluation & the Health Professions*. 1996; 19(2):412-419.

109. Werner, E. A review of the Examination for Professional Practice in Psychology. 1991; Sacramento: California Department of Consumer Affairs.

110. Kelsey, SL & Werner E. An analysis of factors associated with adverse impact in the July 1985 registered nurses licensing examination. 1986 Sacramento CA: California Department of Consumer Affairs.

111. Nowrasteh, A. Illegal Immigrants and Crime – Assessing the Evidence. Cato Institute. 4. März 2019 https://www.cato.org/blog/illegal-immigrants-crime-assessing-evidence

112. Ousey, GC, Kubrin, CE. (2018). "Immigration and Crime: Assessing a Contentious Issue". *Annual Review of Criminology*. 2018; (1):63–84.

113. Sampson RJ. Rethinking crime and immigration. *Contexts. 2008;* 7(1):28-33.

114. Sydes, M. Immigration, Ethnicity, and Neighborhood Violence: Considering Both Concentration and Diversity Effects. *Race and Justice*. 2019 09-18.

115. Bianchi, M. Buonanno, P. Pinotti, P. "Do Immigrants Cause Crime?" *Journal of the European Economic Association*. 2012; 10(6):1318–1347.

116. Donato Di Carlo D, Schulte-Cloos, J, Saudelli G. Has immigration really led to an increase in crime in Italy? *European Politics and Policy or the London School of Economics*. 3. März 2018

117. Banks, James (2011-05-01). "Foreign National Prisoners in the UK: Explanations and Implications." *Das Howard Journal of Criminal Justice.* 2011; 50(2):184–198.

118. Alonso, C., Garoupa, Nuno; Perera, Marcelo; Vazquez, Pablo. Immigration and Crime in Spain, 1999–2006. FEDEA. 1. Januar 2008

119. Mohdin, Aamna. "What effect did the record influx of refugees have on jobs and crime in Germany? Not much". *Quartz.* Retrieved 2017-02-03.

120. Skarðhamar, Torbjørn; Thorsen, Lotte R.; Henriksen, Kristin (12 September 2011). Kriminalitet og straff blant innvandrere og øvrig befolkning [Crime and punishment among immigrants and non-immigrants] (PDF) (in Norwegian). 2019; Oslo: Statistics Norway. pp. 9-28.

121. Mastrobuoni, Giovanni; Pinotti, Paolo (2015). Legal Status and the Criminal Activity of Immigrants. *American Economic Journal: Applied Economics.* 2015; 7(2):175–206.

122. United Nations Office of the Special Representative of the Secretary-General on Sexual Violence in Conflict. *Report – Somalia.* 3. Juni 2020 https://www.un.org/sexualviolenceinconflict/countries/somalia/

123. American Civil Liberties Union. *Human Trafficking: Modern Enslavement of Immigrant Women in the United States.* 2020. https://www.aclu.org/other/human-trafficking-modern-enslavement-immigrant-women-united-states

124. Samuel Fikiri Cinini. A Victimological exploration of the victimisation vulnerability of a group of foreign nationals in the city of Durban, 2015, Masters of Social Sciences Thesis, School of Applied Human Sciences, Department of Criminology and Forensic Studies, University of KwaZulu-Natal

125. Bove, V; Böhmelt, T. Does Immigration Induce Terrorism? *The Journal of Politics.* 2016; 78(2):572–588.

126. US Department of Homeland Security, National Terrorism Advisory System. *Bulletin.* January 27, 2021 https://www.dhs.gov/sites/default/files/ntas/alerts/21_0127_ntas-bulletin.pdf

127. Horgan, J.G. (2017). Psychology of terrorism: introduction to a special issue. *American Psychologist,* 2017; 72:199-204.

128. Merari, A. Driven to death: Psychological and social aspects of suicide terrorism. 2010; Oxford, UK: Oxford University Press.

129. Victoroff, J. The mind of a terrorist: A review and critique of psychological approaches. *The Journal of Conflict Resolution.* 2005; 49:2-42.

130. Gupta, D.K. The leadership puzzle in terrorism study. In U. Kummar & M.K. Manddal (Eds.). *Countering terrorism: psychosocial strategies.* 2012; (pp. 143-160) New Delhi, India: Sage Publications.

131. Ellis, H.B. & Abdi, S.M. Building community resilience to violent extremism through genuine partnership. *American Psychologist,* 2017; 72:289-300.

132. Twenge JM, Joiner TE. US Census Bureau-assessed prevalence of anxiety and depressive symptoms in 2019 and during the 2020 COVID-19 pandemic. *Depression and Anxiety.* 2020; (37) 10:947-1059.

133. Pollard MS, Tucker JS, Green HD Jr. Changes in Adult Alcohol Use and Consequences During the COVID-19 Pandemic in the U.S. *JAMA Network Open.* 2020; Sep 1;3(9).

134. Torales J, O'Higgins M, Castaldelli-Maia JM, Ventriglio A. The outbreak of COVID-19 coronavirus and its impact on global mental health. *International Journal of Social Psychiatry.* 2020; Jun;66(4):317-320.

135. Gelatt J. Migration Policy Institute. *Fact Sheet. Immigrant Workers: Vital to the U.S. COVID-19 Response, Disproportionately Vulnerable.* March 2020. https://www.migrationpolicy.org/research/ immigrant-workers-us-covid-19-response

136. Migration Policy Institute. *The central role of immigrants in the US food supply chain.* April 2020. https://www.migrationpolicy.org/content/ essential-role-immigrants-us-food-supply-chain

137. Panjwani, A. UK has one of the highest levels of foreign-born doctors and nurses in the EU. *Full Fact,* December 2, 2019. https://fullfact.org/ health/foreign-born-nhs-eu/

138. Dempster H & Smith R. *Immigrant health workers are on the Covid 19 frontline. We need more of them.* Center for Global Development. https://www.cgdev.org/blog/ migrant-health-workers-are-covid-19-frontline-we-need-more-them

139. 139. Amnesty International, Global: *Amnesty analysis reveals over 7,000 health workers have died from COVID-19,* 3 September 2020, https://www.amnesty.org/en/latest/news/2020/09/ amnesty-analysis-7000-health-workers-have-died-from-covid19/

140. 140. Ewing W. Immigrant healthcare workers play a vital role in the United States COVID–19 response. *Immigration Impact*. 24.03.2020 https://immigrationimpact.com/2020/03/24/health-care-workers-covid19-immigrants/#.YQ3NQohKiUk

141. 141. Smith, Y. *Physician Shortage* https://www.news-medical.net/health/Physician-Shortage.aspx

142. 142. Global Skills Partnership. Center for Global Development. https://www.cgdev.org/page/global-skill-partnerships

GLOSSAR

Akkulturation wird allgemein als kulturelle Veränderung und Anpassung eines Individuums, einer Gruppe oder eines Volkes durch das Erlernen und Integrieren von Merkmalen und Normen einer anderen Kultur definiert. Akkulturation ist kein einheitliches Konzept, da sie viele Formen annehmen kann.

Akkulturationsstress bezieht sich auf die psychologischen Herausforderungen, die mit der Anpassung an eine neue Kultur einhergehen. Dieser Stress kann vor allem dann erheblich sein, wenn die Akkulturation größere Veränderungen im Leben mit sich bringt, wie z. B. das Erlernen einer neuen Sprache, ein geringerer sozioökonomischer Status, die Konfrontation mit Diskriminierung in einem neuen Land, usw. Akkulturationsstress wurde in der Internationalen Klassifikation der Krankheiten, Zehnte Revision, (ICD-10) und im Diagnostischen und Statistischen Handbuch Psychischer Störungen, Fünfte Ausgabe (DSM-5) als ein Bereich von klinischem Interesse anerkannt.

Anglo bezieht sich im Allgemeinen auf Menschen, die von Geburt an englischsprachige Einwohner des amerikanischen Kontinents sind. Es ist ein Begriff, der oft von Latinos verwendet wird, um weiße Menschen zu beschreiben, die in den USA leben, obwohl das nicht die ausschließliche Anwendung des Ausdrucks ist.

Angst ist ein emotionaler Zustand, der oft durch Furcht, Nervosität, Unruhe, Sorgen und Rastlosigkeit gekennzeichnet ist. Wenn sie nicht extrem und/oder anhaltend ist, kann Angst ein normaler Teil des Lebens sein. Schwerere Angstzustände, die die Aktivitäten des täglichen Lebens beeinträchtigen, können jedoch eine klinische Diagnose rechtfertigen und eine Behandlung erfordern. Bei größeren Angstzuständen kann es zu Panikattacken mit körperlichen Symptomen wie Kurzatmigkeit, erhöhtem

Herzschlag, Schwitzen, Kribbeln, Übelkeit und Verdauungsbeschwerden kommen.

Assimilation (kulturell) ist der Prozess, durch den eine Einwanderer- und/oder Minderheitengruppe die Werte, Verhaltensweisen und Überzeugungen der dominanten Kultur innerhalb eines Landes oder einer Region übernimmt. Im Gegensatz zu einigen anderen Formen der Akkulturation wird bei der Assimilation im Allgemeinen davon ausgegangen, dass der Prozess auch den Verlust von kulturellen Normen, Überzeugungen, Gewohnheiten und Werten beinhaltet, die die Menschen zuvor vertreten hatten.

Asyl ist ein Begriff, der im Zusammenhang mit Flüchtlingen angewandt wird, die in einem Land, in das sie eingereist sind, einen bestimmten legalen Einwanderungsstatus erhalten haben. Für das Recht auf Asyl müssen Menschen belegen, dass sie in der Vergangenheit verfolgt worden sind oder dass sie im Falle einer Rückkehr in ihr Heimatland eine begründete Furcht vor zukünftiger Verfolgung haben. Menschen, die aus ihren Häusern fliehen, oft in großer Eile, neigen dazu, nicht viel formale Dokumentation über die Bedrohungen zu haben, denen sie ausgesetzt waren.

Kulturelle Kompetenz: Das US Office of Minority Health definiert dies als „die Fähigkeit, als Individuum und als Organisation im Kontext kultureller Überzeugungen, Verhaltensweisen und Bedürfnisse, die von Verbrauchern und ihren Gemeinschaften präsentiert werden, effektiv zu funktionieren." Auf internationaler Ebene liegt der Schwerpunkt der Forschung und des Engagements für kulturelle Kompetenz auch auf der globalen Gesundheit. Als solches wird versucht, die Zusammenhänge zwischen Regionen, kulturellen Gruppen, Klimawandel, Ökosystemen und politischen Realitäten zu verstehen, wie sie Gesundheit und Wohlbefinden beeinflussen.

Deferred Action for Childhood Arrivals (DACA) ist (zum Zeitpunkt der Erstellung dieses Artikels) eine US-Einwanderungspolitik, die es einigen Einwanderern, die keine Straftaten begangen haben und als Kinder in die USA gebracht wurden, ermöglicht, einen Aufschub zu erhalten, der sie vor der Abschiebung bewahrt und ihnen erlaubt, in den USA zu arbeiten. Um für das Programm in Frage zu kommen, dürfen die Empfänger keine Verbrechen oder schwere Vergehen in ihren Akten haben. Es sieht keinen Weg zur Staatsbürgerschaft vor. Die Richtlinie wurde vom damaligen Präsidenten Barack Obama am 15. Juni 2012 eingeführt. DACA war ein

Streitpunkt in der US-Politik, und die Zukunft der Einwanderer, die unter die Kriterien von DACA fallen, bleibt ungewiss.

Bei einer **Depression** handelt es sich um eine psychische Störung, die häufig durch Traurigkeit, soziale Isolation, Schlafprobleme, Weinkrämpfe, Verlust des Interesses an verschiedenen Aktivitäten, die in der Vergangenheit Spaß gemacht haben, verminderte körperliche Energie, vermindertes Selbstvertrauen, Schwierigkeiten beim Fokussieren und Konzentrieren sowie eine Vielzahl anderer Symptome gekennzeichnet ist. In schwereren Fällen kann es zu Selbstmordgedanken und sogar zu vollendetem Selbstmord führen. Depressionen können aufgrund von Umweltstress/persönlichen Problemen, biologischen/genetischen Faktoren, schweren körperlichen Erkrankungen, Nebenwirkungen von Medikamenten und Nachwirkungen der Schwangerschaft verursacht werden. Einige Episoden können kurz und vorübergehend sein, während andere immer wieder auftreten.

Diskriminierung ist ein grundlegendes Verhalten, das aus Voreingenommenheit und Vorurteilen resultiert. Es ist die ungerechte Behandlung von Gruppen von Menschen. Diskriminierung kann eine Vielzahl solcher Gruppen aufgrund ihrer Rasse, Hautfarbe, ihres Geschlechts, ihrer nationalen Herkunft, ihrer sexuellen Orientierung, ihrer Behinderung, ihrer Religion und vieler anderer Faktoren betreffen.

Ethnische Identität ist der Grad, in dem sich eine Person mit einer bestimmten ethnischen Gruppe oder Gruppen identifiziert. Dies schließt die Art und Weise ein, wie wir die Gruppe, mit der wir uns identifizieren, sowie andere Gruppen verstehen, bezeichnen und über sie fühlen. Das spiegelt sich in der Regel in den Maßnahmen wider, die wir zu diesen Themen ergreifen. Kurz gesagt, es geht darum, wie wir uns selbst und unseren Platz in der Gesellschaft sehen. Sie ist nicht statisch, sondern kann sich ändern, wenn Sie reifen und neue Erfahrungen sammeln. Das Konzept kann auf „kulturelle Identität" erweitert werden, die sexuelle Orientierung, Religion oder Spiritualität, sozioökonomischen Status und viele andere Gruppierungen einschließt.

Emotionale Intelligenz ist die Fähigkeit, sich der eigenen Emotionen bewusst zu sein, sie zu kontrollieren und sie effektiv auszudrücken. Eine starke emotionale Intelligenz erhöht die Chance, dass eine Person in der Lage ist, zwischenmenschliche Beziehungen überlegt und mit Empathie zu handhaben. Emotionale Intelligenz wird häufig mit fünf grundlegenden

Komponenten assoziiert: Selbstwahrnehmung, Selbstregulation, interne Motivation, Empathie und soziale Fähigkeiten.

Ein **ausländischer Staatsangehöriger** ist eine Person, die die Staatsbürgerschaft eines anderen Landes besitzt.

Ausländische Studenten sind diejenigen, die mit einem bestimmten Bildungsvisum zum Studium in ein anderes Land kommen. In den US kann dies entweder ein F-1 oder ein M-1 Visum sein. Studenten, die in einem anderen Land als ihrem Heimatland studieren, tun dies oft in der Absicht, nach ihrem Studienabschluss in ihre Heimat zurückzukehren.

Der **Generationsstatus** bezieht sich darauf, wie lange eine Einzelperson oder eine Familieneinheit schon in einem Land lebt. Wenn Sie im Ausland geboren sind, gelten Sie als „die erste Generation". Wenn Ihre Eltern im Ausland geboren wurden, Sie aber nicht, sind Sie „die zweite Generation".

Das **Health Belief Model (HBM)** ist ein sozial-psychologisches Konstrukt, das gesundheitsbezogene Handlungen erklären und vorhersagen soll. Das HBM legt nahe, dass die Überzeugungen der Menschen in Bezug auf Gesundheitsprobleme, der wahrgenommene Nutzen von Maßnahmen, die Barrieren für solche Maßnahmen und die Selbstwirksamkeit erklären, warum sie sich auf gesunde Verhaltensweisen einlassen oder nicht. Unsere Untersuchungen haben ergeben, dass die verschiedenen Teile des HBMs alle wichtig sind. Aber wie sie sich verbinden und miteinander interagieren, kann von Kultur zu Kultur unterschiedlich sein.

Hochintegrierte Bikultur ist eine Art der Akkulturation, bei der Personen relevante Praktiken aus ihrem Herkunftsland beibehalten, aber auch Praktiken aus ihrem neuen Land übernehmen. Mit anderen Worten: Die Menschen bewahren ein gewisses Maß an Integrität der Heimatkultur. Gleichzeitig lernen sie, wie sie sich als wichtiger Teil des größeren sozialen Netzwerks ihres neuen Landes einbringen können. Dies bietet das Potenzial für einen „das Beste aus beiden Welten" Ansatz.

Heimatland ist das Land, aus dem die Menschen stammen (z. B. durch Geburt, Staatsbürgerschaft usw.)

Das **Gastland (Gastgeberland)** ist das neue Land, in das die Immigranten eingereist sind.

Ein **Immigrant (Einwanderer)** ist eine Person, die gekommen ist, um dauerhaft in einem Land zu leben, das nicht ihr Geburtsort und/oder ihre Staatsangehörigkeit ist. Der Schlüssel hier ist der Begriff „auf Dauer" Als solcher trifft er nicht auf Personen zu, die Touristen sind oder sich vorübergehend zum Arbeiten in einem fremden Land aufhalten.

Das **Einwanderer-Paradoxon (auch bekannt als „Latino-Paradoxon"** oder „hispanisches Paradoxon") bezieht sich auf Forschungsergebnisse, die zeigen, dass Einwanderer der ersten Generation dazu neigen, gesundheitliche Ergebnisse zu erzielen, die in etwa gleichwertig (oder manchmal besser) sind als die ihrer einheimischen Kollegen. Dies wird als paradox angesehen, da Einwanderer der ersten Generation häufig ein niedrigeres Durchschnittseinkommen und eine geringere Bildung haben, Faktoren, die im Allgemeinen mit einem schlechteren Gesundheitszustand und einer höheren Sterblichkeitsrate auf der ganzen Welt verbunden sind.

Ein **Migrant** ist eine Person, die von einem Ort in ein anderes Land zieht. So werden zuweilen Menschen bezeichnet, die in ein fremdes Land kommen, um dort zu arbeiten (z. B. Wanderarbeiter), möglicherweise mit der Absicht, regelmäßig nach Hause zurückzukehren.

Nopales ist das spanische Wort für *Opuntia-Kakteen* (Feigenkaktus). Nopales sind häufig Teil der mexikanischen Ernährung und stehen im Ruf, gut für Menschen mit Diabetes zu sein. Mehrere von Experten begutachtete Forschungsstudien haben herausgefunden, dass *Nopales* bei der Kontrolle des Blutzuckerspiegels helfen kann. Als solches ist es ein Beispiel für eine effektive traditionelle Praxis.

Wahrgenommene Diskriminierung soll nicht implizieren, dass die Erfahrungen von Menschen mit Diskriminierung und Rassismus unwahr sind. Der Begriff „wahrgenommen" wird manchmal in der Forschung verwendet, weil es die Wahrnehmungen (das Bewusstsein) sind, die tendenziell die Einstellungen und Verhaltensstrategien bestimmen.

Persönlichkeitsstörungen sind psychische Erkrankungen, die mit langfristigen Mustern von unflexiblen und dysfunktionalen Gedanken und Verhaltensweisen einhergehen. Sie können schwerwiegende und wiederholte Probleme in allen Bereichen des Lebens einer Person verursachen, einschließlich Beziehungen und Arbeit. Menschen mit Persönlichkeitsstörungen sind oft flatterhaft und unbeständig und haben Schwierigkeiten, langfristige Beziehungen aufrechtzuerhalten.

Die **Posttraumatische Belastungsstörung (PTBS/PTSD)** ist ein psychischer Zustand, der bei manchen Menschen ausgelöst wird, weil sie ein schreckliches Ereignis erlebt oder miterlebt haben (z. B. Kriegserlebnisse, sexuelle Übergriffe, ein schwerer Autounfall, ein Arbeitsunfall mit erheblichen Verletzungen). Häufige Symptome können aufdringliche Gedanken über das Ereignis, schwere Angst, Rückblenden (Flashbacks) auf das Ereignis, das Vermeiden von allem, was an das Ereignis erinnert, Albträume, Angst, Depression, Denk- und Konzentrationsschwierigkeiten und Rückzug von anderen sein. PTBS kann bei Flüchtlingen oder Soldaten, die schlechte Erfahrungen im Krieg gemacht haben, recht häufig auftreten.

Promotora (auch bekannt als „Community Health Worker") ist ein oft autodidaktisches Latino-Gemeindemitglied und eine Führungskraft, die in der Nachbarschaft Gesundheitsberatung anbietet. Dies ist schon seit einiger Zeit eine gängige Tradition. Professionelle Forscher und Anbieter neigen nun dazu, Promotoras aufzusuchen, weil sie das Ohr ihrer Gemeinschaft haben. Sie schulen diese Personen oft im Bereich der öffentlichen Gesundheit und setzen sie als Verbindungspersonen ein, um benötigte Informationen über Prävention, Behandlung und verwandte Dienste zu verbreiten. Das Grundkonzept eines Community Health Workers ist nicht auf Latinos beschränkt. Wir haben einen ähnlichen Ansatz mit Populationen aus dem Nahen Osten und Ostafrika verwendet.

Ein **Flüchtling** ist jemand, der aufgrund von Bedrohungen gezwungen war, aus seinem Herkunftsland zu migrieren. Dieser Begriff ist etwas verfänglich, da er manchmal recht verallgemeinernd auf jeden Einwanderer angewendet wird, der zur Migration gezwungen wurde. Auf einer formaleren Basis bezieht sich der Begriff aber eher auf einen bestimmten rechtlichen Status. Beispielsweise ist laut Titel VIII des United States Code, Abschnitt 1100 und 1A 42, ein Flüchtling ein Ausländer, der nicht in sein Land zurückkehren kann oder will, weil er wegen seiner Rasse, Religion, Nationalität, Zugehörigkeit zu einer bestimmten sozialen Gruppe oder wegen seiner politischen Überzeugung verfolgt wird oder eine begründete Furcht vor Verfolgung hat. Ein Ausländer kann sich nicht für diesen Status qualifizieren, wenn er andere verfolgt hat, fest in ein Drittland umgesiedelt wurde oder wegen eines bestimmten schweren Verbrechens verurteilt worden ist.

Die spezifischen rechtlichen Rahmenbedingungen für den Flüchtlingsstatus sind von Land zu Land unterschiedlich.

Traditionell bezieht sich im Kontext dieses Buches auf die kulturellen und nationalen Normen, die ein Zuwanderer in seinem Herkunftsland erfahren hat. Im Kontext der Akkulturation entscheiden sich einige Menschen dafür, solche Normen und Traditionen beizubehalten und relativ getrennt von der breiteren Gesellschaft ihres Wahllandes zu bleiben.

Ein **Trauma** kann körperliche Verletzungen, psychische Belastungen oder eine Kombination aus beidem beinhalten. Ein physisches Trauma bezieht sich auf eine klinisch schwere Verletzung des Körpers. Meistens wird dies in „stumpfe Gewalteinwirkung" unterteilt, wenn etwas zuschlägt, aber nicht unbedingt in den Körper eindringt. Dies kann zu Gehirnerschütterungen, Knochenbrüchen und ähnlichen Verletzungen führen. „Penetrierendes Trauma" bezieht sich auf Umstände, bei denen ein Objekt die Haut des Körpers durchstoßen hat, was normalerweise zu einer offenen Wunde führt. Psychologisches Trauma bezieht sich auf kognitive und emotionale Störungen, die durch ein oder mehrere belastende Ereignisse entstehen können (z. B. Krieg, häusliche Gewalt, Auto- und Arbeitsunfälle, sexueller Missbrauch und Ausbeutung). Das unmittelbare Erleben oder gar Miterleben solcher Ereignisse verursacht oft einen überwältigenden Stress, mit dem eine Person nicht fertig wird. Bei vielen Vorfällen treten physische und psychische Traumata gemeinsam auf. Außerdem gibt es Menschen, die ein „kumulatives Trauma" erleben, bei dem es sich nicht um ein einzelnes, sondern um eine lange Reihe von schädlichen Ereignissen handelt. Ein Beispiel auf der physischen Seite ist das Karpaltunnelsyndrom. Im psychologischen Bereich kann eine unablässige Reihe negativer Erfahrungen den Leidensdruck erhöhen. Dies kann auch dann der Fall sein, wenn die einzelnen Ereignisse an und für sich relativ geringfügig sind (wie bei Mikroaggression).

INDEX

DANKSAGUNG

Viele Menschen haben direkt oder indirekt den Inhalt dieses Buches geprägt. Herr William Romo und Frau Dolores J. Rodríguez gaben uns wichtiges Feedback zu unseren ersten Entwürfen. Frau Leticia Rodriguez hat einen Großteil der Recherchen zur Familiengeschichte von Herrn Felipe Romo durchgeführt. Unsere Lektorin, Frau Leslie Schwartz, hat uns geholfen, den richtigen Stil für Sie, unsere Leser, zu finden. Sie stellte außerdem wichtige Fragen zu unseren Themen, an die wir sonst nicht gedacht hätten. Darüber hinaus sind wir Herrn David Wogahn dankbar, der uns durch die vielen komplexen Teile geführt hat, die mit der Veröffentlichung eines Buches verbunden sind.

Wir möchten uns auch bei den Freunden und Kollegen bedanken, die mit uns an den in diesem Buch zitierten Projekten gearbeitet haben. Dazu gehören in erster Linie unser Freund und Partner Dr. Harve S. Meskin, Mitbegründer der Group for Immigrant Resettlement and Assessment (GIRA) sowie Dr. Mehboob Ghulam, Dr. Fouad Beylouni, Frau Maria Elena Patiño, Frau Aida Amar und Dr. Gregory Talavera. Wir würdigen auch unsere Arbeit mit führenden Persönlichkeiten der lokalen ostafrikanischen Gemeinschaften außerordentlich, vor allem mit Herrn Ahmed Sahid, Präsident und CEO des Somali

Family Service of San Diego und Herrn Abdi Mohamoud, Präsident und CEO der Organisation Horn of Africa.

Insbesondere möchten wir unseren vielen Patienten und Kunden, die über die Jahre ihre Lebensgeschichte mit uns geteilt haben, unseren Dank ausdrücken. Sie können hier aufgrund von Vertraulichkeitsbestimmungen nicht benannt werden. Aber ihre Erfahrungen stehen im Fokus sowohl des Inhalts dieses Buches als auch unserer Motivation, es zu schreiben.

ÜBER DIE AUTOREN

Joachim "Joe" Reimann, Ph.D. wurde in Berlin, Deutschland, geboren. Seine Familie wanderte in die USA ein, als er 10 Jahre alt war. Zurzeit ist Joachim klinischer Psychologe und Präsident der 'Group for Immigrant Resettlement and Assessment'. Er arbeitet seit langem mit Immigranten-Gemeinschaften und ist ehemaliger Vorstandsvorsitzender der 'Somali Family Services of San Diego'. Während seiner vorherigen Tätigkeit als 'Adjunct Faculty' (Lehrbeauftragter) an der San Diego State University's Graduate School of Public Health, erhielt Joachim Unterstützung vom US Office of Minority Health, dem National Center for Minority Health Disparities und den Hispanic Centers of Excellence. Seine Forschungsergebnisse wurden unter anderem in *Social Science & Medicine*, *The American Journal of Preventive Medicine*, *Ethnicity & Health* und dem *Journal of Clinical Psychology* veröffentlicht. Ferner hat Joachims Promotion einen Schwerpunkt im Bereich Organisationspsychologie. Konsequenterweise war er während seiner Karriere an verschiedenen Projekten zur Personalentwicklung beteiligt und hatte Führungspositionen in der Kommunalverwaltung und im privaten Sektor inne. Dies erlaubt ihm ein besseres Verständnis der Probleme von Immigranten hinsichtlich Karriere und Beschäftigung.

Dolores I. Rodríguez-Reimann, Ph.D. wurde in Piedras Negras, Mexiko, geboren. Ihre Familie immigrierte in die USA, als sie 15 Jahre alt war. Dolores arbeitet als zweisprachige & bikulturelle (Englisch/Spanisch) Psychologin seit vielen Jahren mit Einwanderern und Flüchtlingen. Spezifische Einsatzgebiete umfassen die private klinische Praxis, vertraglich vereinbarte Dienstleistungen durch Survivor of Torture International und finanzierte Forschung. Zurzeit hat Dolores eine leitende Funktion bei der Group for Immigrant Resettlement and Assessment. Während ihrer Tätigkeit als Lehrbeauftragte an der San Diego State University's Graduate School of Public Health erhielt sie Zuschüsse und Verträge mit dem National Heart, Lung & Blood Institute (NHLBI), dem National Cancer Institute (NCI) und dem US Office of Minority Health. Ihre Forschung zu Akkulturation und verwandten Themen wurde in *Ethnicity & Disease* und dem *Journal of Immigrant Health* veröffentlicht. Dolores war im Laufe ihrer Karriere auch in mehreren organisatorischen Führungspositionen tätig.